オトナ女子のための

モテしぐさ図鑑

Mastering the
Beauty of Movement

ポージングディレクター
中井信之

［はじめに］

この世の中には、
2種類の女子がいます。

美人オーラを放つ女子。
非モテオーラを放つ女子。

特別顔がかわいいというわけじゃない。飛び抜けてスタイルがいいわけでもない。とくに性格がいいわけでも、ファッショナブルなわけでもない。

なのに、なぜか「美人のオーラ」を醸《かも》し出し、

●男性からちやほやされる
●ゴハンに行くと必ずおごられる
●彼から「親に紹介させて」と言われる
●彼の友達から「あいつの彼女いい子だよね」と評価される
●いつも彼から大事にされる
●一番いいタイミングでプロポーズされる

という女子。

一方、見た目もスタイルも悪くなく、いつもおしゃれに気を遣っているのに、

●男性からちやほやされない
●ゴハンに誘ってもなかなか実現しない
●彼ができても扱いが友人レベル
●声をかけられたと思ったら勧誘だった
●彼が友達を紹介してくれない
●いつまでもプロポーズされない

という女子。

男子がついつい引き寄せられてしまう、そして大切にしたくなる、まるで女子アナのような「品」の漂《ただよ》う「美人オーラ」をまとう女子。
いつも友達止まりで、つい雑に扱われてしまう「非モテオーラ」をまとう女子。

この違いは何でしょうか？

それは……

しぐさです。

おしゃれやダイエットに気を遣っていても、立ったり座ったり、しゃべったりした瞬間に、努力した美しさが崩れてしまう。
日頃の忙しさのせいで、動きが雑になってしまう。
昔からのクセで、女性らしい立ち居振る舞いができない。

そう。非モテオーラは「動いた瞬間」に漂ってしまうのです。

私の仕事は「ポージングディレクター」です。

俳優やモデル、タレントさんや、それらをめざす方々に専門学校で演技や立ち居振る舞いを指導しています。

5000人以上の方々を見てきてわかったことは、

魅力的でモテる人は、日常のしぐさが美しい

ということです。

この場合のモテは異性からの恋愛感情だけではありません。

ファンやスタッフ、友人との関係も入ります。

とくに私が日頃接している俳優やモデル、タレントさんにとって、こうした「モテ」はとても重要。人に誘われたり紹介をされる機会も増え、良い仕事につながるからです。

魅力的な人はみな、意識的に「しぐさ」をコントロールしています。逆にいうと、日頃の立ち居振る舞いやしぐさをコントロールできるようになれば、自然と注目されるようになります。

「しぐさなんて生まれつきでしょ？」

「クセなんだから変えられるわけないわ」

という人は、たいてい「自分が見られている」と思っておらず、しかも「どこを見られているか」に鈍感《どんかん》。

たとえば、人のうしろ姿は気になっても、自分の背中が見られていることは忘れがち。普段から「自分がどう見られているか」を意識できないため、毎日のめまぐるしい生活の中に「あなたの魅力的なしぐさ」は埋もれてしまいます。


「しぐさ」をコントロールできれば、すべてが変わります。

周りの反応も、自分の気分も。


さて、ではどんなふうな「しぐさ」が「モテ」を引き出すのでしょうか。

それは……

隙《すき》。

ここでお伝えしたいのは、「女性は話し、男は見る」という男女の習性の違いについてです。

古来、女性は育児、男性は狩猟を担当してきました。女性は赤ちゃんをだっこして辛抱強く話しかけ、音と言葉の結びつきを教えます。古代から会話能力が男性よりすぐれているのです。

男性はその間に狩猟をしていました。

獣に話しかけるでしょうか?

いいえ。観察し、習性を覚え、「隙」をさがし獲物を捕えてきました。

もちろん、あなたを獲物と言っているのではありませんよ。

「会話」よりもあなたの「姿態」から、「隙」を見つけるのが得意だということとです。

男性は、会話中もあなたの「隙」をじろじろとさがしたりしているのです。

閉まっているドアは、なぜか開けたくなるように、私たちは隠されているものを見たくなるもの。あなたは、そんな閉まったドアがあたかも自然に少し開いたかのように、しぐさで「隙」を作ることが大事なのです。

本書はとくに異性にアピールする「しぐさの図鑑」ですが、自分の魅せ方がわかれば、男女にかかわらずコミュニケーションのとり方が上達するでしょう。

みなさんが、眠らせている「自分の魅力」を最大限発揮できるようになることを、心から願っています。

ポージングディレクター　中井信之

CONTENS

第2章 男をドキッとさせるモテしぐさ図鑑

第3章　彼をトリコにするモテしぐさ図鑑

［プロローグ］

HKKの法則
を使えば、
「好印象」を操れる！

まずは「美しいしぐさ」の基本、
HKKの法則についてお話ししましょう。
これは「品」も「隙」も思いのままに
演出できる魔法のセオリーです。

なぜ「モテ」には「しぐさ」が重要なのか？

ＨＫＫの法則をお伝えする前に、少しだけ、なぜ「モテ」るために「しぐさ」が重要なのかをお話ししましょう。

冒頭に「美人オーラ」という言葉を使いましたが、その人が「魅力的に見えるかどうか」は、実は見た目の美醜ではなく、そのオーラや雰囲気によって左右されることが多いものなんです。

誰かを好きになるときって、よっぽどフェチな人ではない限り、「あの二重の幅がいい」とか「唇の形が好き」とか細かい部分から好きになることはまれです。「何だかわからないけど、感じがいいな」とか「無性に魅かれてしまうな」と感じるものでしょう。

つまり、人は多くの場合、「雰囲気」によって相手を判断しているのです。

たとえば、「かわいらしいムードの人だな」「クールで粋な感じだな」などと言うように、人は誰しも他人に対して様々な印象をもちますが、この印象は何も「顔」や「スタイル」だけが作り出すものではありません。

印象を作るのは「雰囲気」や「ムード」です。とくに生涯を通じて魅力的な人は、この2つが印象を決めていることを知っています。

では「雰囲気」や「ムード」を決めているのは何か。

それが、「しぐさ」です。

少し私の経験をお話ししましょう。

「はじめに」でもお伝えしましたが、私は自らの俳優やモデルの経験を活かし、ポージングディレクターとして多くの女優やタレント、モデルを志す女性たちに立ち居振る舞いやポージングを教えてきました。

彼女たちの魅力を最大限に引き出すには、どうしたらいいのか。

美しく魅力的な雰囲気にするには、何を変えたらいいのか。

日々、そのことを考え研究し、試行錯誤を繰り返しながら、彼女たちに「しぐさ」をレッスンしてきました。

その結果、みなさん、最初に会ったときとは別人のように、美しく変身していきました。もちろん彼女たちは、美容やダイエットなど様々なことに気を遣ってはいました。

しかし、オーディションの結果、彼女たちの人生を大きく変えたのは「しぐさ」による印象だったのです。

手の動き、足さばき、重心……それらを意識して、少しずつレッスンしていく中で、驚くほどの変化をとげた彼女たち——この結果は私自身にとっても、大きな驚きでした。

「しぐさ」を変えれば、「雰囲気」が変わります。
「雰囲気」が変われば、「人生」が変わります。

だから、美人になりたかったら「美人のしぐさ」を、モテたかったら「異性の目に魅力的に映るしぐさ」をマスターすればいいのです。

「えー、そうは言っても、女優さんやモデルさんの卵なら見た目はすでに整っているわけでしょ？　そりゃしぐさだけで変われるでしょうけど、私の場合そんなの焼け石に水なんですけど……」

と思う方もいらっしゃるかもしれませんね。

でも、この「しぐさの魔法」はすべての女性に当てはまります。もちろんあなたにも。ひょっとしたら、女優やモデルの卵よりも、劇的な変化があるかもしれませんね。というのも、彼女たちは、もともと「自分のからだの動き」をコントロールしているからです。

一方私たちは普段、自分の「しぐさ」をありのままにしています。

手はどこにおかれ、肩はどちらにヒネられ、重心はどちらにカタムき……なんて思って活動している人はいないでしょう。だからこそ、それが意識できただけで、印象をぐっと変えることができます。

「ＨＫＫの法則」って何？

それでは、さっそく、美しいしぐさの基本、「ＨＫＫの法則」について、お伝えしましょう。

しぐさが雰囲気を作り出す、とお話ししましたが、もっと詳しく言うと、雰囲気を作り出しているのは、「線」です。

「線」は様々なイメージを私たちに与えてくれます。

たとえば、曲線はやわらかいイメージを、直線は鋭いイメージをそれぞれ醸し出していますよね。私たちは「線」からある「感情（やさしさ、力強さなど）」を受けとっている、と言ってもいいかもしれません。

さて、私たちにも、「からだが作る線」があるとイメージしてみてください。

あなたのからだの線はどうでしょう。

ふわっとした線？　緊張した線？　元気でアクティブな線でしょうか？

これらの「からだの線」が私たちの雰囲気を決めています。美人オーラを醸し出せるか出せないかはこの線のしわざです。

この線をコントロールすることで、意図的に美人オーラを作り出してしまおう、というのが、「HKKの法則」。

HKKのHは「ヒネル」のH、Kは「カサネル」のK、もうひとつのKは「カタムケル」のKです。

- 「ヒネル（H）」ことによって生まれる曲線
- 「カサネル（K）」ことによって生まれる、まとまった線や複雑な線
- 「カタムケル（K）」ことによって生まれる斜線

この3つを意識することで、からだの「線」を変化させ、「しぐさ」を美しく変えていく、それが「HKKの法則」なのです。

「ヒネル」ことで、よりセクシーに

まず、「ヒネル」についてご説明しましょう。

「ヒネル」とは、具体的には、首や腰、腕などの関節をヒネったりすることですが、「ヒネル」ことで、エネルギーが一カ所に集まり「緊張感」を生み、それが「拡散していくこと」をイメージさせるため、アクティブな印象になります。

また「ヒネル」ことでからだにくぼみが生まれたり、S字のラインが強調されるので、セクシーな印象にもなりますね。


【「ヒネル」ことで生まれるイメージ】

からかうような色っぽさ、ちゃんと正面を見せない誘惑のムード、いきいきとした若々しさ、キラキラとした魅力、ダイナミックな印象

「カサネル」ことで、上品さを演出

次に「カサネル」です。

普段から、足をカサネたり、手をカサネたりすると上品な印象になりますね。

「カサナリ」とはエネルギーが「堆積《たいせき》」する状態ですが、分量の多さや奥行きをイメージさせるので、重厚でゴージャスな雰囲気になります。重なり合っているバラの花びらを思い描いていただくとわかりやすいのではないでしょうか。

開けっぴろげではなく、ピタッとカサネルことで、清楚さも生み出します。


【「カサネル」ことで生まれるイメージ】

カチッとした品格、落ち着き、慎重、安心、丁寧、重厚、豪華、清楚

「カタムケル」ことで、かわいらしく

最後は「カタムケル」。

はすに構えた姿はカッコよかったり、からだがタラーンとカタムいた様子は、力が抜けていてかわいらしいもの。

垂直に立っていたエネルギーが崩れ、ユリや稲穂の先がなだらかに垂れるように力が弱まり、やわらかくはかなくエレガントな印象を作ります。

身をあずけ、しなだれかかる様子は男性の保護欲もくすぐるでしょう。

【「カタムケル」ことで生まれるイメージ】

やわらかい、かわいい、スタイリッシュ、可憐、クール、カッコいい、わび、さび

あの有名な肖像画にも「HKKの法則」が使われていた！

では「HKKの法則」が具体的にどんなふうに使われているのか、見てみましょう。次のページの写真に注目してください。

たとえば、腰をキュッと「ヒネり」、両ヒザをスッと「カサネ」、上半身が少しナナメに「カタムケ」られているモデルさん。「ヒネル」ことでセクシーさが、「カサネル」ことで上品さが、「カタムケル」ことで女性らしさが出ています。「ヒネル」「カサネル」「カタムケル」、これら3つの線で隙のある美しさが生まれるのです。

かの有名なモナ・リザにもちゃんと「HKKの法則」が隠されています。からだをナナメに向け首だけ「ヒネル」ことで何とも言えない妖艶なムードが漂い、手を「カサネル」ことで品が生まれ、左肩を少しだけ下に「カタムケル」ことで、見る者に対してやわらかな隙が与えられているのです。

美女は「HKKの法則」を使っている！

キレイな
モデルさんのポーズは、
「HKKの法則」が
使われています。

H ＝左腰と右肩が上にヒネられています。
K ＝左脚の前に右脚がカサネられています。
K ＝肩が左下にカタムケられています。

約 500 年前にレオナルド・ダ・ヴィンチが描いた謎の美女
「モナ・リザ」にも「HKK の法則」が見られます。

H ＝首を左に、上半身は右にヒネられています。
K ＝左手の甲の上に、右手がカサネられています。
K ＝肩は左下にカタムケられています。

「モテ」のポイントは美しさプラス「隙」

ここまで、美しいムードを作り出す「しぐさ」の法則についてお話ししてきましたが、本書のテーマは「モテしぐさ」でしたよね。

じゃあ実際に生活している中で、「カタムケル……ヒネル……カタムケル……」なんて意識を動作に向けられるのか。そんなことができていたら、みなさんはすでに女優です。人は日々、漫然《まんぜん》と動いています。そんな無意識を変えるなんて、プロの域。では、そんな普通のオトナ女子が、最短ルートで好印象になるにはどうしたらいいか――。

それは、ここぞというときの「好印象の一発芸」を手に入れることです。

「いい女！」と男性に思わせる最大瞬間風速は、一体どの動きにあるのか。

その瞬間をプロの目線で切りとったのが本書です。

わかりやすく言えば、モテの決め技集。あまり深く考えず、まずは笑い半分でいいので何かひとつとり入れてみてください。「決め技の名前」もつけたので、まずはモテしぐさを「演じる」ことからはじめましょう。

第1章は「美人オーラを放つモテしぐさ図鑑」です。

わかりやすく「OK」「NG」に分けて、座り姿、歩き姿、コートの脱ぎ方、食事の姿勢、車の乗り方などの「基本的なモテしぐさ」についてご説明していきます。

第2章は「男をドキッとさせるモテしぐさ図鑑」です。

ポージングディレクターであり、男性でもある私が、「男性が思わず恋に落ちてしまうモテしぐさ」を選りすぐってご紹介します。

第3章は「彼をトリコにするモテしぐさ図鑑」です。

これは現在パートナーがいる人向けのとっておきテクニック。「いつまでも女性として最高に愛されてしまうモテしぐさ」をご用意しました。


第4章は「キャラ別モテしぐさ図鑑」です。

誰しもが「自分のキャラクター」をもっています。セクシー系の人がかわいらしいポーズをとると違和感があるでしょうし、自然体が魅力の人がエレガントなしぐさをするのは無理があるでしょう。

みなさんには、「キャラクターチェック」を受けていただき、キャラ別の「モテしぐさ」をお伝えします。


それではさっそく、「モテしぐさ図鑑」に入っていきましょう。

さらっとご覧になったら、どうかやりやすいものから試してみてください。

中には「こんなポーズ恥ずかしくてできないわ」「こんなのイタすぎる……」なんて思うしぐさもあるかもしれませんね。

実は最初は、「やりすぎ」くらいがちょうどいいのです。


水泳を習いはじめは水が怖くて、バタバタと手足を動かしてしまいますが、なじんでくれば美しいフォームになるのと同じです。

もちろん、無理せず、お好きなものからトライしてみてくださいね。

まずは、今、自分がどんな「しぐさ」をしているか、それを意識することが大切なのです。


それでは心の準備はいいでしょうか？

さあ、街や会社はあなたのステージ。

そして、あなたは女優。

いざ、開演です！

からだの名称

念のため、本書で使用するからだの名称についてご説明しましょう

1 腕……肩から手首まで

● 一の腕……腕の中でも、ヒジから手首まで

● 二の腕……腕の中でも、肩からヒジまで

2 手……手首から指まで

3 脚……脚のつけ根から足首まで

4 足……足首からつま先まで（靴を履く部分）

第1章

美人オーラを放つ
モテしぐさ図鑑

「なんだかキレイだな」と思わせるには
コツがあります。
印象美人を作り出す「モテしぐさ」の数々を
「NGしぐさ」とともにご紹介しましょう

モテしぐさ

イスの"対角線"を使え！美人はジャストフィットで座る

落ち着くわ、
このお店～
からだをカタムケル
ハーブティー大好き(オーガニック)
となりのカップル見てる
店中のディスプレイをほめまくる
両脚カサネル
片足のうしろにもう片方をカサネル
たすき座り

POINT

1. からだ全体をカタムケル
2. 両脚をカサネて横に流す
3. 片足のうしろにもう片方をカサネル

難易度	★
美人度	★
セクシー度	★★
リュクス度	★★★

技 解説

「座りしぐさ」の肝は ゆるさ&淑《しと》やかさの〝わびさび〟

1 ゆるく座って「隙」を出す それが、モテしぐさの鉄則です

人の雰囲気は「座り方」で驚くほど変わります。とくに肘掛けのあるソファに座るときは、真ん中にドカッと座るのは野暮。お尻をどちらか左右の座面の角に押しつけます。

からだ全体をカタムケて、まるで**ナナメにたすきをかけるような気持ちで座る**とフィット感が出て、華奢に見えますし、ゆるっとした色気が漂います。**美しく見せながらも力を抜いて、心をゆるしている「隙」も見せていく**――これがポイントです。

2 脚はナナメにカタムケて エレガント&セクシーに

上半身をリラックスさせる一方、**脚はきちんとカサネ**ます。ヒザやふくらはぎはもちろん、遠くに流した足のかかとにもう片方の土踏まずをカサネルことで、脚全体がほっそりと見えて「脚やせ」効果も期待大！ 脚を組む場合も地面に着く脚は垂直に立てるのではなく、少しカタムケルとエレガント。地面に着く脚のすねの横に、上になる脚のふくらはぎをカサネルと、**両足先が同じ方向を向くので上品かつセクシー**です。（P165シャロンカサネ参照）

NG しぐさ

そのヒザで百年の恋も醒《さ》める！

これもNG

1. イスの真ん中にどっかり座り込む
2. ヒザがパカッと開いている
3. メニューを離さない（自己中）

ここがNG

印象を決めるのは実は脚！ 脚が雑だと全部ブス

1 美人は「隙」は見せても脚の「隙間」は決して見せない

メイクに時間をかけ、最新のファッションに身を包み、甘い声を心がけても、ヒザが開いているだけで、だらしない印象になり、「雰囲気ブス」に陥落《かんらく》してしまいます。**とにかく脚の隙間は見せないこと。**疲れてしまう場合は、両足のくるぶしをカサネルようにするとラクです（P164エリザベスカサネ参照）。ヒザを閉じ、ヒザから下は足先を内側にしてかかとを開けてしまってもいいでしょう（P165渋谷カサネ参照）。

2 真面目がいいってわけじゃないモテから遠ざかる「面接モード」

脚を開いたり、ぶらぶらさせたり、だらしないのはもちろんNGですが、**さっちり真面目すぎるのも考えモノ**です。

イスの前方に浅く座り、脚をぴっちり閉じ、手をヒザの上においた「面接モード」では相手は打ち解けることができず、恋に落ちるものも落ちないでしょう。

とくに上半身が直立していると、ちょっと直線的で男性的な雰囲気に。**イスの背にもたれ微笑んで、余裕と隙を漂わせましょう。**

モテしぐさ

第一印象を「美人」にする 9対1の法則

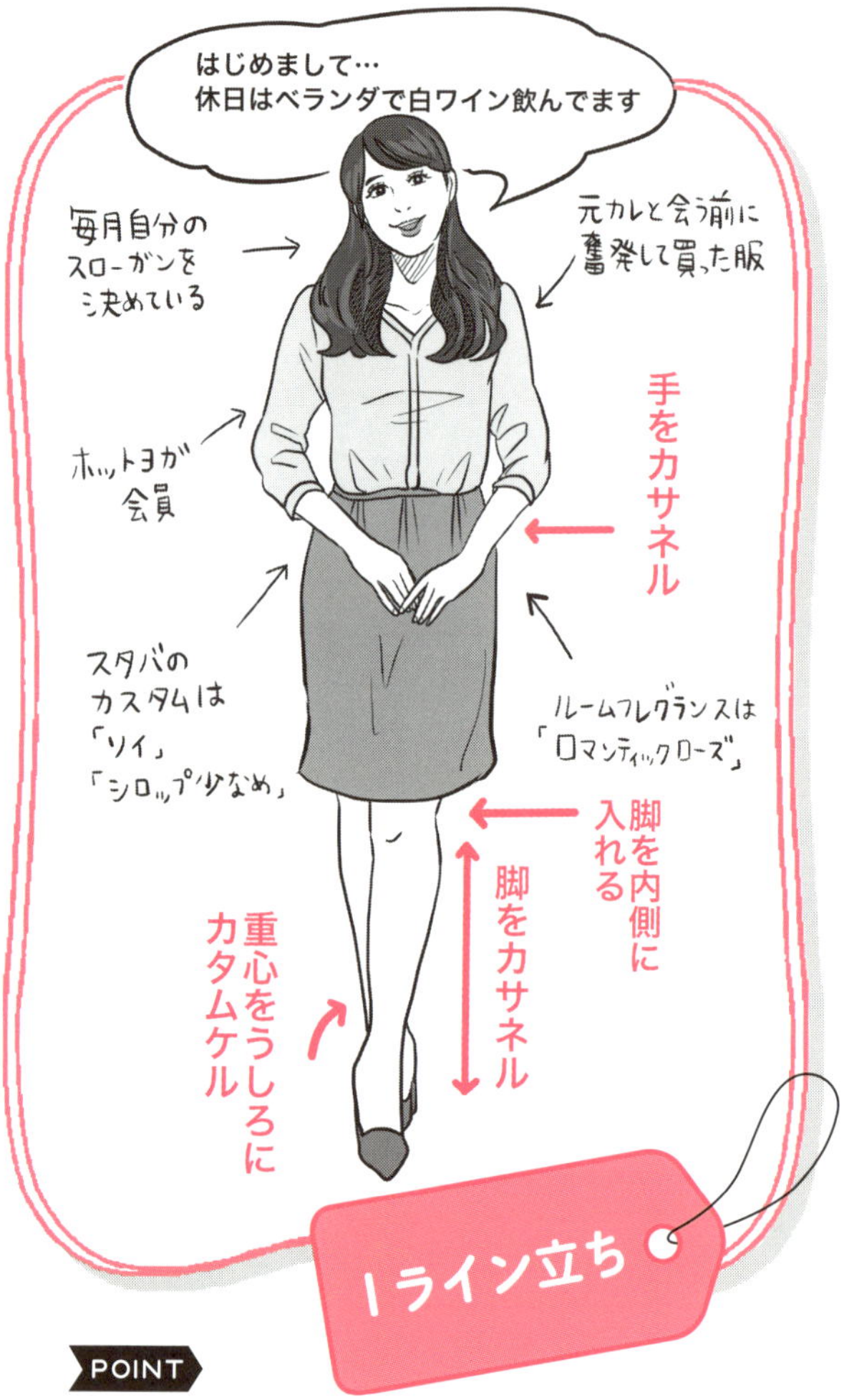

POINT

1. 片足をうしろに引き、外に向ける
2. 両脚が1本になるようにカサネル
3. 9対1でうしろ足に重心をかける

難易度	★
美人度	★★
セクシー度	★★
清楚度	★★★

技 解説

いい女の余裕とは、前足をいつでも浮かせられる余裕とイコールである

1 雰囲気は全身で作られる立ち姿は「モテしぐさ」の原点

「立てば芍薬《しゃくやく》座れば牡丹《ぼたん》歩く姿は百合《ゆり》の花」なんていうことわざがありますが、これは美人の立ち居振る舞いを花にたとえたもの。

昔から美人を決めるのは、「顔」ではなく、立つ、座る、歩くなどの「しぐさ」だと知られていたんですね。

とくに立ち姿は重要で、**立ち姿から放たれた雰囲気だけで、相手の「美人フォルダ」に入れてもらうことができます。**逆に立った瞬間に「がっかり」ということもあるでしょう。

2 ポイントは重心 9対1でうしろ足にかける

立ち姿でとくに大切なのは重心です。**うしろ足に9対1の割合で大きく重心をかけること。**腰をちょっと前に出すようにすると、重心をうしろにかけやすくなるでしょう。

重心をうしろにかけることで、背筋がスッと伸び、品格のある「直線」を作ることができます。

もちろん両脚の隙間はカサネて隠し、重心をかけた軸足に向かって、もう一方のヒザを内側にカタムケルと美しく、スタイルが良く見えますよ。

 しぐさメモ 脚の隙間が見えないようにヒザは内側にカタムケル

NG しぐさ

ワキが開いているだけで見た目3キロ増！

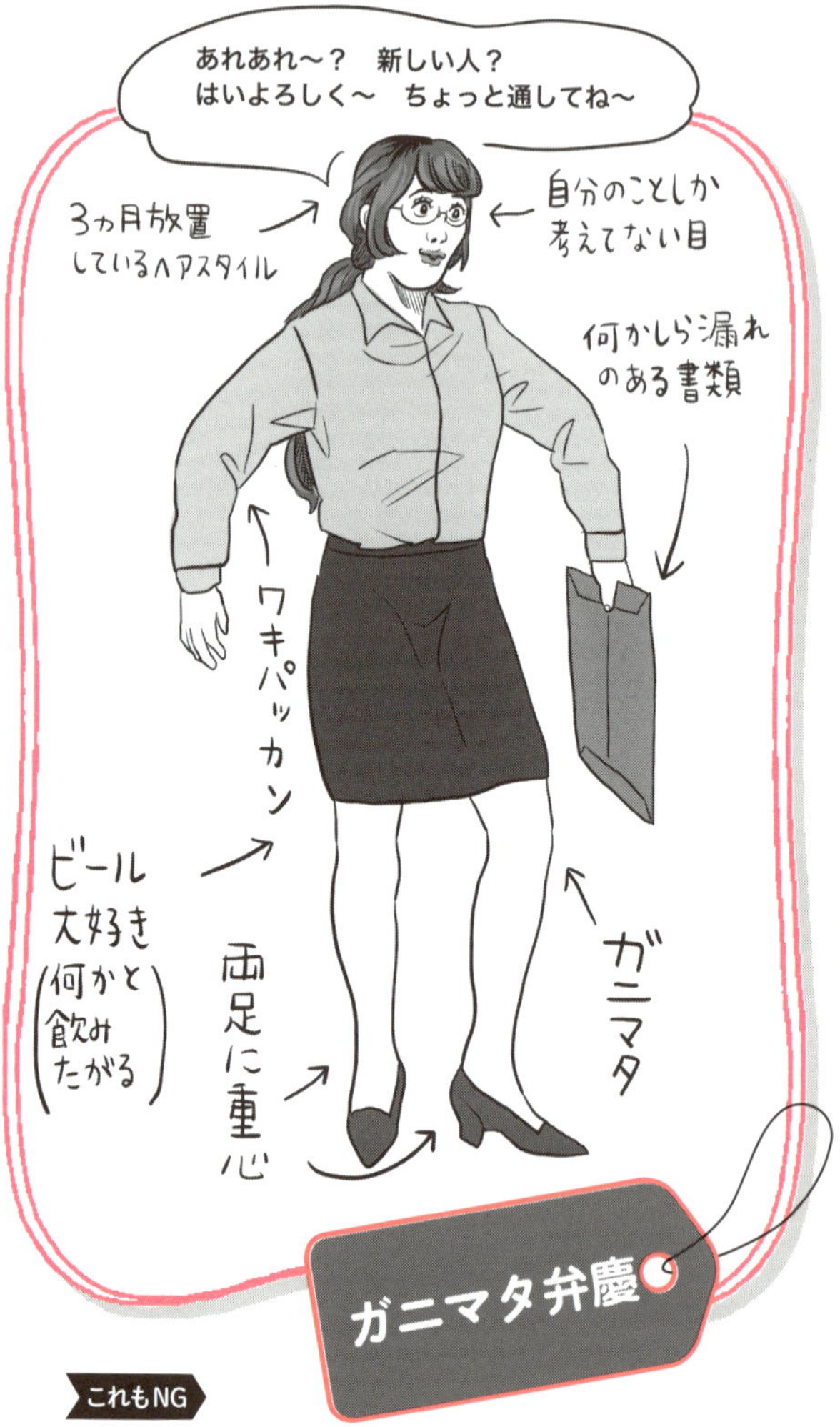

これもNG

1. 両足に均等に重心が乗っている
2. 足先が外に開いてガニマタになっている
3. ワキがパッカンと開いて、両腕が外に広がっている

ここがNG
ワキは卵1個分以上開けないで！どことなく「股もゆるい」印象を生む

1 両足重心はNG もさっと野暮ったい印象に

正しい立ち姿というと、まっすぐ正面を見て、両足に均等に体重をかけ、背筋をピッと伸ばし……という形を想像するかもしれません。しかし、この姿勢では男らしさはアピールできても、女性らしいからだのカーブが出ず、スタイルが悪く見えてしまいます。

そんなときは「モテしぐさ」で紹介したように、重心を片足にかけてあげること。**棒立ちをやめて片足重心にすることで、骨盤がカタムくので胴体もカタムき、セクシーなラインが現れます。**

2 ガニマタ・ワキ開き厳禁！「ピタッとくっつける」を習慣に

ワキを開くと両腕が横に広がり、ゴリラっぽく見えますすし、そのあけすけな印象が「股のゆるさ」につながり、安っぽい女に見えてしまいます。普段から、意識してワキもヒザもピタッとくっつけることが一番ですが、からだのクセはなかなか抜けないものです。まずは自分の立ち姿を意識しましょう。ショッピング中にウィンドウに立ち姿を映して、うしろ重心を抜き打ちチェックするなど、**エクササイズのつもりでやっていくと、雰囲気が変わってきますよ。**

モテしぐさ

ワンランク上の女は3つの立ち方で勝負する

POINT

1. Iライン立ちが基本
2. 軸足と反対の足を横に開きヒザを内側にカタムケてAライン立ち
3. 軸足側の腰を上にヒネリ、軸足じゃないほうのヒザを外に向けてSライン立ち

難易度	★★
美人度	★★★
セクシー度	★★★
モデル度	★★★

技 解説

Iラインから少しカタムケてA ヒネリを入れてSという応用編

1 こんな姿で待っててほしい! ゆるふわキレイなAライン

からだの線を上品に美しく見せるのはIライン立ちですが、ちょっと丁寧でかしこまった印象にもなりますよね。力の抜けたかわいい立ち姿ならオススメはAライン立ち。

まず、Iライン立ちを作り、軸足ではない足を肩幅に開き、ヒザを内側にゆるくカタムケます。カジュアルウエアからフォーマルまでどんな服にも似合うポーズなので、雑誌の撮影などでもよく使われています。重心はIライン立ち同様9対1で。

2 パンツスタイルが活きる 上級しぐさSライン

ランウェイを歩くモデルがセンターのトップでポーズを決めるI そんな「立ちしぐさ」がSライン立ち。

Aライン立ちでインしたヒザを外にカタムケ、肩をナナメ上にヒネリ上げます。軸足側の腰は上へとヒネリ、ちょうど軸足側の腰と肩を近づける感覚で腰を縮めてください。

アクティブないい女に見せるとっておきのポーズです。かなりプロフェッショナルな立ち方ですが、何度も練習することでこなれていきますよ。

 しぐさメモ ❤ Sライン立ちの練習はダイエット効果も

モテしぐさ

美人は3歩で決まる! モアイ姿勢&ニーキッス

POINT

1. モアイ像のように頭をうしろにカタムケル
2. アゴを引いて正面を見る
3. 重心をうしろに倒し、腰から前へ進む

難易度	★
美人度	★★
セクシー度	★★
釘づけ度	★★★

技 解説

遠くを見つめるモアイ像のようにからだ全体を倒してウォーキング

1 やっぱり基本姿勢が肝心 歩きはじめは「モアイ像」で

まずはモアイウォークの基本姿勢をとってみましょう。

①両足を揃えてまっすぐ立つ
②片足を靴の長さの半分くらいうしろに引く
③引いた足に8割くらい重心を乗せ、からだ全体をうしろにカタムケる
④アゴを引いて正面を見る

これがスタートの姿勢です。**③でモアイ像のように、頭の重みをうしろに乗せるのがポイントになります。**

2 歩くときは「ニーキッス」 ヒザ同士がキスするように歩く

①の基本姿勢から、腰から押されるように、第一歩を踏み出します。ヒザ同士は離さないこと。**「歩くときはニー（ヒザ）キッス」と覚えてください。**最初はヒザ同士がちょっと擦れるように歩くトレーニングも有効です。通常、歩幅（片足の先から、もう片足の先まで）は「身長マイナス100センチ」と言われていますが、もう少し狭めな歩幅で、かかとからゆったり、一直線上を歩くとより美しく見えます。歩き方の詳細は次ページで解説します。

ちょい足しガイド

「モアイウォークの重心」

ここでもう少し、「モアイウォーク」についてお話しします。普通の歩き方と「モアイウォーク」のもっとも大きな違いは何だと思いますか？　それは「重心のかけ方」です。2対8の割合でうしろ重心にするのが理想ですが、慣れてないとなかなか難しいかもしれませんね。解説してみましょう。

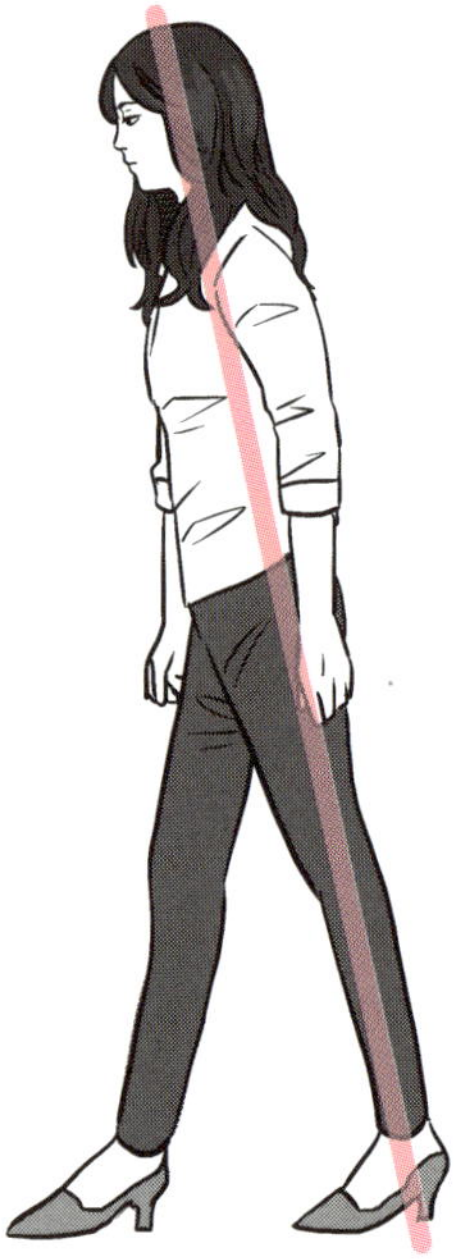

普通の歩き方

通常歩く場合、上記のイラストのように、頭が前に出ていることが多いもの。重心が前にかかり、前のめりになっています。これでは、ちょこちょこと歩幅が小さくなり、「モアイウォーク」の優美な動きとはほど遠い感じになってしまうでしょう。

正しい
モアイウォーク

頭をうしろに倒したら、ちょっとアゴを引いて正面を見ます。腰からそらず、足元から重心をうしろにカタムケている状態です。ここから、「ゆるい坂道をくだっている」ような感覚で、背筋を伸ばし、腰から前に足を出すように歩いていきます。

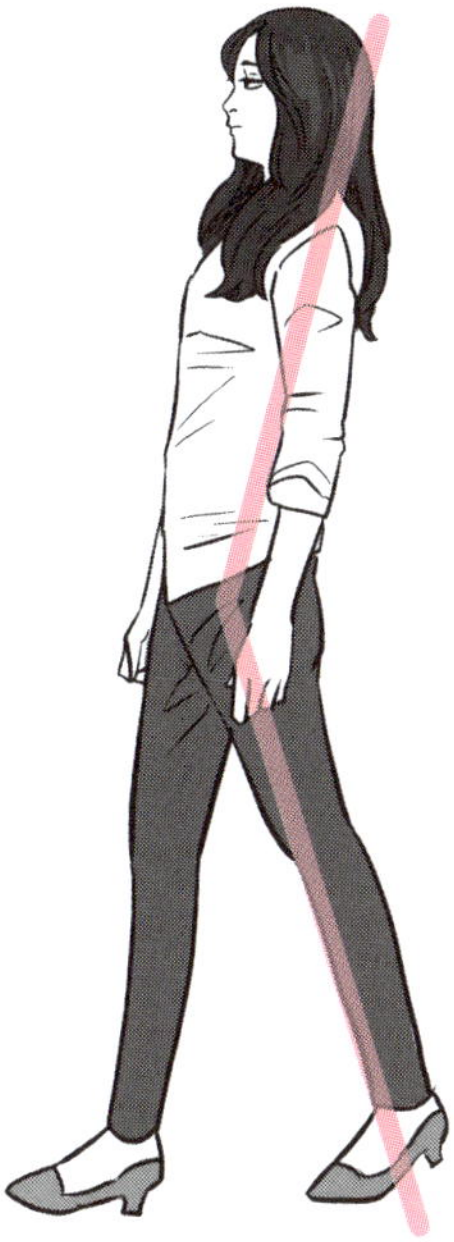

腰をそった
間違った歩き方

頭の位置はいつもよりほんのうしろに倒します。車のヘッドレスト（シートの頭の部分）に、頭をつけているようなイメージで。胸を張るのは大切ですが、腰からそらないこと。腰をそりすぎるとバランスが崩れますし、腰痛の原因にもなってしまいます。

NG しぐさ

横揺れ&腕振りでゴリラ度がアップ!

へへ…すみませ〜ん…待ってくださぁい
左右にゆれる
腕をハの字にふる
前重心
ガニマタ
この日の午後
彼氏に二股
かけられていたことを
知る
やじろべえ
ウォーク

これもNG

1. 猫背&前かがみの姿勢で、重心が前にいってしまう
2. からだ全体がやじろべえのように、左右に揺れてしまう
3. 腕を振るほどゴリラ度が高まる

ここがNG

腕を横に振る、つま先を開いて歩くブス歩きにご用心！

1 止まってたらキレイ歩くと残念！

重心をうしろに保ちながら、腰から前へと踏み出すモアイウォーク。両手はワキを閉じて自然に振り、両ヒザがすれすれになるように、一直線に歩きます。

この逆が「ブス歩き」。

ワキを開けて、手を横に振り出し、足をガニマタにして、左右に広がるように歩くと、とたんに見苦しくなります。**いつも「ニーキッス（ヒザをくっつける）」「ワキッス（ワキをくっつける）」を忘れないように。**

2 とくに大切なのが重心前かがみで5歳老ける

忙しいとつい重心が前になってしまいます。からだは前かがみ、猫背で、反動で歩こうとするので、手や足は横へと開いてしまう。わかります。焦ってるときは、周りなんて気にしません。でも、そこを踏みとどまるのが、「素敵な人だな」に昇格するチャンス！

大事なのは重心。ゆったりうしろに重心をかけて、空を見上げ、くっとアゴを引き、腰から歩き出す。そんなあなたのうしろ姿に熱い視線が注がれるはずです。

しぐさメモ ♥「ワキッス（ワキを閉じる）」もお忘れなく

モテしぐさ

ずるい女は、バッグもプロポーズも引き寄せる！

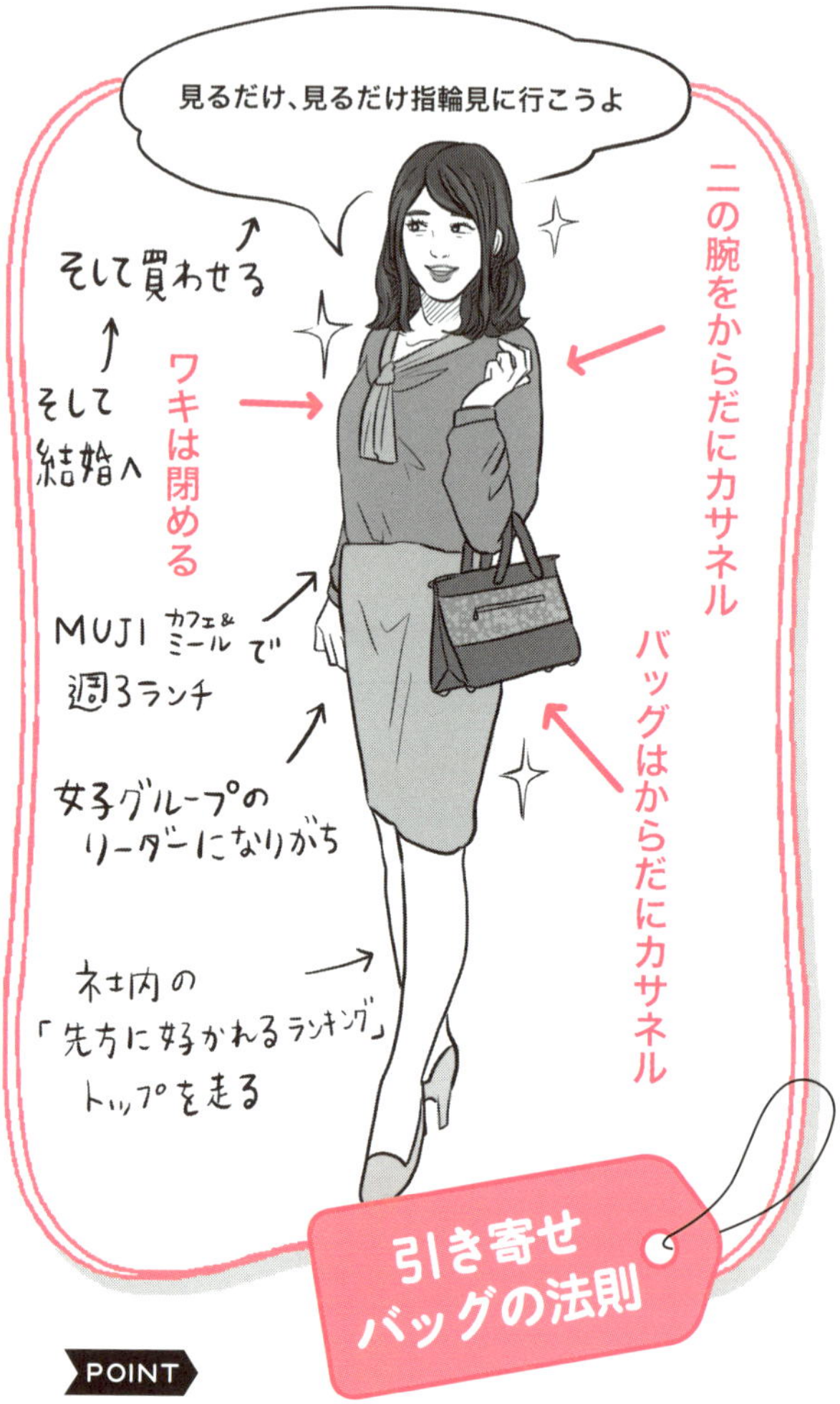
見るだけ、見るだけ指輪見に行こうよ
そして買わせる
そして結婚へ
ワキは閉める
二の腕をからだにカサネル
MUJI カフェ&ミール で 週3ランチ
バッグはからだにカサネル
女子グループのリーダーになりがち
社内の「先方に好かれるランキング」トップを走る
引き寄せバッグの法則

POINT

1. バッグはからだにカサネル
2. 一の腕もからだにカサネル
3. 肩かけバッグはワキを閉める

難易度	★
美人度	★★
セクシー度	★
嫁入り度	★★★

技
解説

バッグはからだに引き寄せて上品でキレイに見えます

1 からだにかぶせることで華奢なイメージに

意外と盲点なのが「バッグのもち方」。ちょっと工夫するだけで、印象はガラリと変わります。

ポイントは肩や腕にかけるにしても、手で下げるにしても、**ワキを閉め、バッグや腕を胴体にカサネル**ようにすること。

バッグをからだにぴったりとくっつけると、こなれた感じにもなりますし、**一の腕やバッグをからだにかぶせることで、華奢見せ効果も**ありますよ。

2 いろんなもち方で全部かわいらしく!

①イラストのように腕にかける場合、**一の腕がからだにかぶる**ようにもつ。

②ショルダーバッグ(ストラップが長い)は一の腕をヒジから上に折り曲げて、**ストラップをつまむように押さえる**と上品。

③ショルダーバッグ(ストラップが短い)は、**ストラップの付け根のあたりに手をカサネねる。**

④手にもつときは**手首を内側にヒネリ、バッグがからだにかぶる**ように。

次ページで詳しく説明しましょう。

ちょい足し ガイド

「バッグのもち方いろいろ」

「引き寄せバッグの法則」では腕に下げるタイプのバッグについてご説明しましたが、バッグの種類ごとにかわいくエレガントに、しかも自分を華奢に見せてくれるもち方があります。もちろんどれもポイントは「自分のからだにキュッと引き寄せること」。いくつかご紹介しましょう。

ショルダーバッグ（ストラップが長い）

ストラップの長いショルダーバッグは、ストラップを肩にかけ、肩にかけているほうの手をヒジから上に折り曲げ、ストラップを親指と人差し指でつまむように押さえると上品に見えます。ポイントはワキをキュッと閉め、なるべくコンパクトにもつこと。

トートバッグ

　手でもつトートバッグなどは、バッグをもった手を内側にヒネり、手のひらではなく、手の甲が前にくるようにもつと、ワキも閉まり、からだもコンパクトに見せられるのでチャーミングです。なるべくバッグがからだにかぶるようにすると華奢な印象になりますよ。

ショルダーバッグ（ストラップが短い）

ストラップが短いショルダーバッグは、ストラップを肩にかけ、肩にかけているほうの手で、ストラップの付け根あたりに手をカサネます。こうすることでバッグが揺れませんし、他人にきちんとした印象を与えることができます。

NG しぐさ

買い物カゴ風にもっとおばちゃん感がにじみ出る！

お茶しようよ〜　歩き疲れて足もげそう〜
これが本当の無造作ヘア
ワキをあける
「人からの印象」より「自分のしたいこと」を優先させがち
めいっ子にもらったキーホルダー
すぐバッグを下に置く
ちょっとほつれているので次どこかほつれたら修理する(つもりの)スカート
おばはんもち

これもNG

1. 腕にかけた手がそのまま外に向かっている
2. からだからバッグが果てしなく遠い
3. もっているほうの手が握りこぶしに(強そう)

ここがNG

素敵にもてばアクセサリー そうでなければ単なる荷物

1 全身鏡でチェックして「バッグブス」を回避せよ

バッグのもち方を意識している人が少ないせいか、街ではバッグだけが目立っている光景をよく目にします。とくに、買い物カゴのように手に下げるスタイル。一の腕をからだにカサネたらかわいいのですが、なぜか外に向けてしまう。これでは、スーパーの買い物カゴのように見えてしまいます。そして気をつけるべきは、バッグをかけているほうの手のひら。勇ましく握りしめたこぶしでは、可憐なサマンサタバサのバッグも泣くというもの。

2 バッグをからだから離したら幸せまでもが逃げていく！

バッグはなるべく軽そうに見せるのが鉄則。ワキをキュッと閉めて、コンパクトにもつと軽そうですが、からだから離すとたんに重たく、荷物っぽく見えてしまいます。また、実際に軽くしておくことも大切。使わないメイク道具や読まない雑誌などドッサリ入れて、「重たい」と床に直おきなんてことはありませんか？　しかも、そこに薄汚れたクマのぬいぐるみがぶら下がっていたとしたら……。男性は、意外とそんな小さなことにげんなりするものです。

モテしぐさ

その「腕使い」が男を射止める武器になる

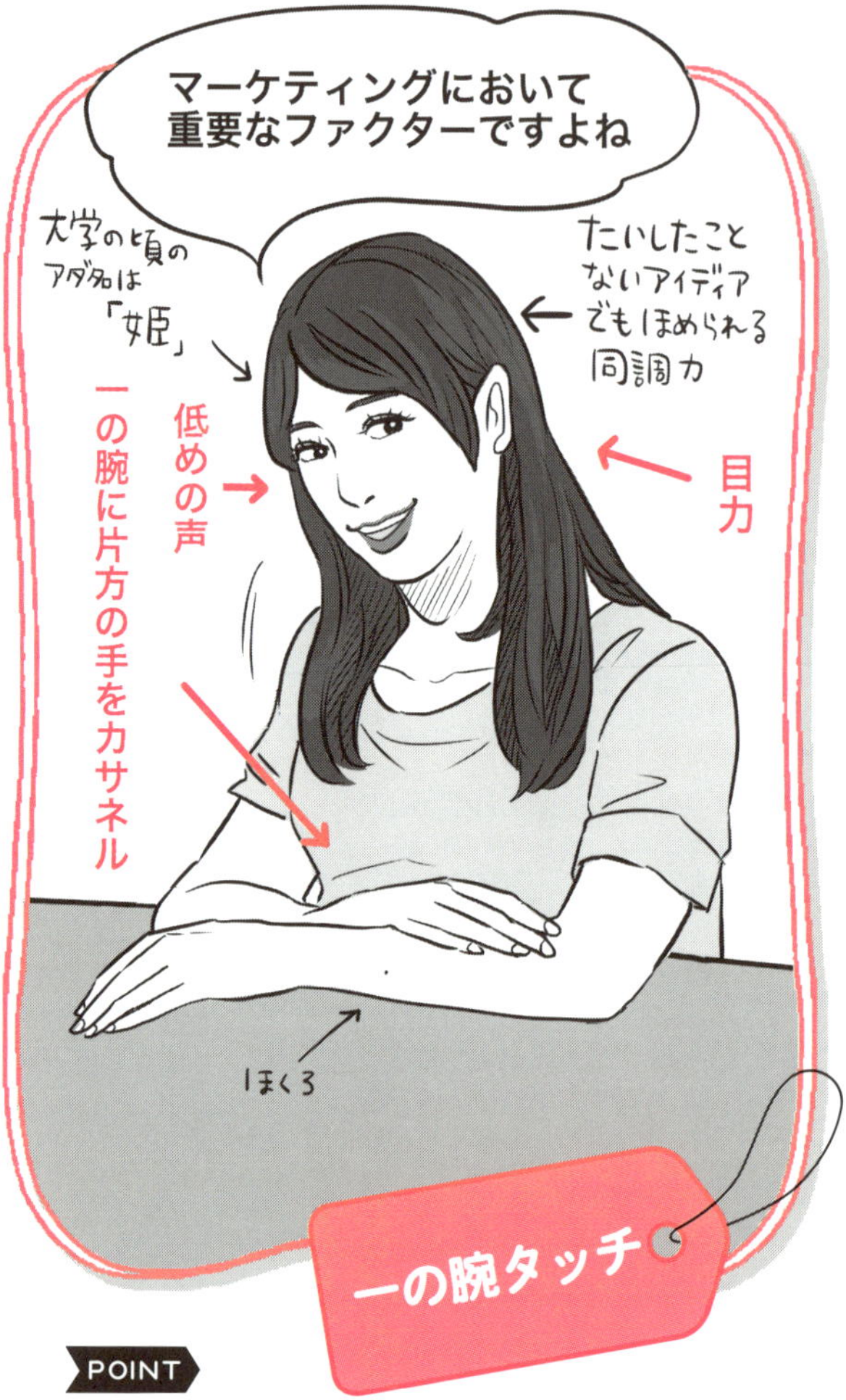
マーケティングにおいて重要なファクターですよね
大学の頃のアダ名は「姫」
たいしたことないアイディアでもほめられる同調力
低めの声
一の腕に片方の手をカサネル
目力
ほくろ
一の腕タッチ

POINT

1. 手をカサネルと上品な雰囲気に
2. カサネル場所は美しい「一の腕」
3. 爪のお手入れなども忘れずに

難易度	★
美人度	★★
セクシー度	★
華奢見せ度	★★★

技 解説

「二の腕」をアピールして「触れたい女」になる！

1 「二の腕」のとくに内側は女性のもっとも美しい場所

「二の腕にお肉がついちゃった〜」などと「二の腕」という言葉はよく使われますが、「一の腕」という言葉をはじめて聞かれた方も多いのではないでしょうか？

「一の腕」とは腕の中でもとくに「ヒジから手首までの部分」ですが、「二の腕」にお肉のついている方もここはたいてい、細くスッとしているもの。とくに内側は日焼けも少なく、白くすべすべ。**ここをさりげなくアピールするのが「一の腕タッチ」**です。

2 上品に見せたいなら手をカサネまくれ！

手はタッチしたり**カサネルと上品に**見えます。手をカサネテお辞儀するのとしないのとでは印象は随分変わるでしょう。これはプロローグでもお話ししたように「カサネル」という線が上品さや奥行きをイメージさせるから。手がお留守になったら、とりあえずもう片方の腕や手にカサネられないかチェック。たとえば、**つり革に掴まっている二の腕に、もう片方の手をそっとカサネルと、上品で華奢見せ効果もあります（二の腕隠し）。**

 しぐさメモ ♥ 手をカサネたらやせて見えるのに

NG
しぐさ

落ち着かない「手さばき」で品も人気も急降下

これもNG

1. 手の動きが大げさで寒い
2. ストローの袋など目の前のものを無意識にいじる
3. 笑うと隣の人をばしばし叩く

ここがNG

ときには顔やスタイルよりも目立ってしまう「手の動き」

1 手がうるさいと、本人までも「ウザい女」と思われる

「えーショックですぅ」と言いながら、人差し指をつんつんする寒い動き、「ウケるー」と隣の人をばしばし叩く軽い暴力、ストロー袋や箸置きをぐちゃぐちゃにするクセ。一見美人でも「アリな女フォルダ」から一発退場！ なんてこともあるくらい手先って大切です。**手が遊んでしまいそうなら、もう片方にカサネル**ことを意識しましょう。とにかく一カ所に「ステイ」させることで、あなたのモテ度が上がっていきますよ。

2 腕組み&ほおづえはTPOを考えて

ビジネスの打ち合わせなどでは、腕を組んだり、ほおづえをついたりするのはNGですが、「モテしぐさ」ではこれらを有効に使う方法があります。意中の彼に怒ったふりをして腕組みして、バストのやわらかさを見せたり、ゆるくほおづえをついて甘えてみたり。

要は**自分の手の動きを自分でコントロールできていること**が大切です。今、この手の位置は正解？ そんなふうに、ときどきさチェックしてみましょう。

モテしぐさ

さりげなく見られてる！美人に見せる「スマホテク」

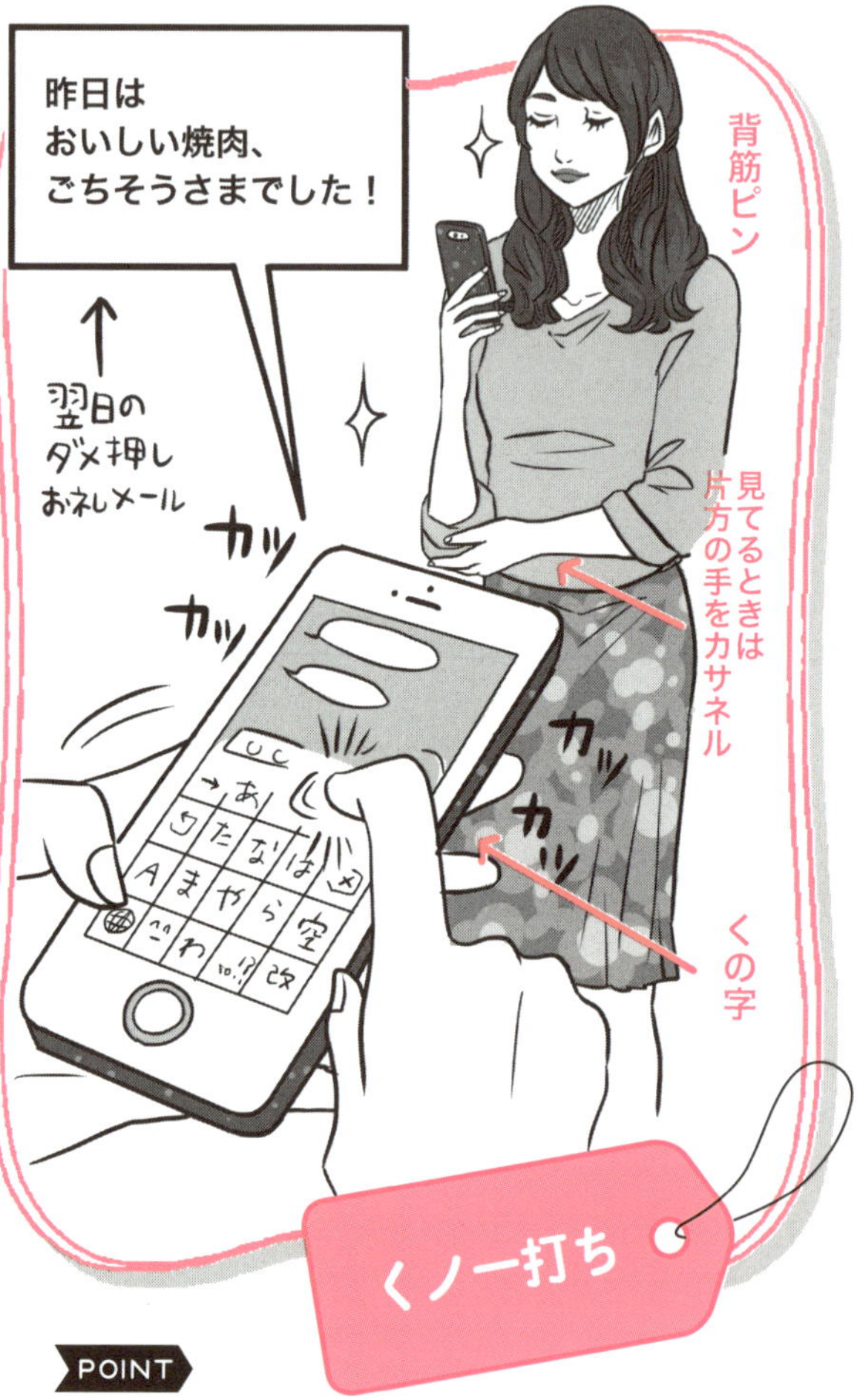

POINT

1. 手首の関節を起こす
2. 人差し指か中指を「く」の字に折る
3. 軽くつつくように打つ

難易度	★
美人度	★
セクシー度	★★
仕事できそう度	★★★

技解説 指をくの字に曲げて、音はカツカツ軽くタッチするのが美人のタップ

1 扱っている時間が長いからこそ「キレイなしぐさ」を心がけて

手の動かし方についてお伝えしましたが、何と言っても扱う頻度が高いのはスマホ。LINEの返事、Facebookのいいね！、Twitterの投稿……ひとりでいるときはたいていスマホを触っている、なんて人も多いでしょう。無意識にスマホを操作している、そんなあなたを遠くから見ている人もきっといるのでは？　モテる女にとって、スマホもアクセサリー。美しく操作して、リアルの「いいね！」をゲットしてください！

2 指を「く」の字に曲げると軽やかに美しく見える

ここでご提案したいのが、「くノ一打ち」です。指を「く」の字に折り曲げて打つと美しく見えるのでこう名づけましたが、「くノ一」といえば、「女忍者」。身軽な忍者のように、「かる～く」タッチする、という意味もあります。手首をきゅっともち上げて、手のひらとスマホの間に空間を作って、軽やかにタッチしてください。スマホを見るだけで、タッチやスクロールをしない場合、空いた手をスマホをもつ手のヒジにカサネルとより上品なイメージになります。

NG しぐさ

通勤中の無意識スマホは猫背&巻き肩に要注意！

これもNG

1. スマホを水平にもち、顔を下げて見る
2. 両肩が前に巻き込まれ、「スマホ巻き肩」になっている
3. 指をまっすぐにして、ベタベタと打つ

ここがNG

下を向いてばかりいると　モテも幸せも逃げていく！

1　ブスに見えるだけじゃなく太りやすい「うなだれ打ち」

「スマホ巻き肩」という言葉をご存じですか？　これは長時間スマホを操作することで、背中の筋肉が固まり、肩の関節が前方に巻き込まれた状態になってしまうことです。

「巻き肩」になると、肩こりはもちろん、胸が垂れてしまったり、内臓が圧迫され肥満になりやすかったりするそうです。**見た目が悪いだけじゃなく、実際にからだも壊す！**　恐ろしいですね。

さっそく美しい&美しくなる姿勢について見ていきましょう。

2　スマホは顔の高さまで一緒に口角も上げていこう

まず背筋を伸ばして、スマホをなるべく高い位置までもち上げること。つい肩を前に出したくなりますが、なるべく肩はうしろに引いて。もしくは、スマホを見終わったら肩を引いて、肩甲骨周りの筋肉をストレッチするといいでしょう。表情も大切です。スマホを見ている間は、**ぜひ口角を上げて**ください。フェイスラインのストレッチにもなりますし、楽しい仲間とやりとりしているようで、周りからの「素敵な人だな」と思われ度がぐっと高まります。

モテしぐさ

その瞬間ヒロインに！ コートの美しい「脱ぎ方」

日本ってこの季節
こんなに暑かったっけ〜？
グレープフルーツダイエット中
右手で両方のソデをもつ
ソデをソロエて左手にもちかえる
右手にエリをもち左手にかける
冬でもいい女風ノースリーブ
パリコレ脱ぎ

POINT

1 右手のうしろ手で両方のソデをもつ

2 ソデを揃え、左手にもち替える

3 右手でエリをもち、左腕にかける

難易度	★★
美人度	★★
セクシー度	★★★
お嬢様度	★★★

技 解説

育ちの良さを一瞬でアピールできる上質な「脱ぎしぐさ」

1 ソデを揃えてもつことで美しい所作になる

コートを脱ぐときのポイントはソデ。ソデがバラバラだと急にだらしなく見えてしまいますよね。

たとえば右利きの方でしたら、「左側の肩をはずし、右手をうしろにもっていく」↓「うしろ手で左右のソデ口をつかみ、胸の前にもってくる（左腕が抜ける）」↓「左手で両ソデ口をつまみ、引っぱる（右腕も抜ける）」↓「右手でエリをつかみ、左腕でふたつ折にして抱える」という順番で脱いでいきます。

2 裏生地のあるコートは両肩から一気に落として◎

裏生地があってすべりやすく、ある程度の重みがある上着は鎖骨のあたりの身ごろの内側に両手をかけ、両肩をいっぺんにはずします。

ヒジを曲げながら上着が落ちるスピードを調整して、両手をうしろ手にして（背中に回して）エリのあたりを受けとるようにキャッチします。そのまま、前に回して畳んでもちます。裏生地がついていて重たいものだったらキレイにストンと落ちます。ランウェイのモデルがさっと上着を脱ぐような感覚ですね。

 しぐさメモ ♥ 貴婦人役が回ってきた女優のつもりでトライ

NG
しぐさ

バサッと脱いで、グチャッとおく
そんな女は、部屋も汚い

これもNG

1. バサバサと動かしながら一気に脱ぐ
2. ソデを地面に引きずっている
3. 脱いだコートはそのへんにグチャッとおく

ここがNG

脱ぎ方が雑。その「ワンフレーズ」を彼らは見ている！

1 ずるくていい女は早く脱ぐより、美しく脱ぐ

合コン会場の居酒屋。気のいい人は「うしろが詰まってるから早く脱がなくちゃ！」と、とにかく早く脱ぐことを最優先。からだをもじって乱暴に脱いだり、ソデを引きずっていたり。

たかがコートの脱ぎ方ですが、一瞬の立ち居振る舞いが雑だとすべてが雑な人に見えます。

たとえば、新人アーティストの「ワンフレーズ」を聞いただけで、その曲をダウンロードするか判断されるように、あなたはそれだけで「圏外の女」判定を受けるかもしれません。

2 「脱ぐ」は究極のセクシーしぐさ「脱いだあと」の扱いにも注意

「脱ぐ」という行為はとくに、男性との「夜」を連想させます。上品かつセクシーな脱ぎ方で、あなたを意識し出す男性もいるかもしれません。決しておざなりにしないこと。

また脱いだあとの服の扱いも注意。ソファにグチャッと丸める、なんて最悪です。ハンガーがあれば丁寧にかけること。丁寧な服扱いは、その女性が大切に育てられてきたことを想像させます。大切にされてきた女性は、男性からも「大切にしたい」と思われるものなのです。

 しぐさメモ♥ もちろん着るときもゆっくり丁寧に

モテしぐさ

去り際に恋のトドメを刺す「タクシーエレガント乗車術」

難易度	★
美人度	★
セクシー度	★★
スマート度	★★★

POINT

1. ヒザをカサネて(K)、シートに座る
2. 上半身をカタムケて(K)、車内へ
3. 腰からヒネって(H)、脚全体を車内へ

技 解説

タクシーは、K（カサネて）K（カタムケて）H（ヒネる）

1 スムーズに車に乗り込む姿は知的でエレガント

たかがタクシーの乗り方、と思われるかもしれませんが、「じゃあまたね！」と手を振ったあと、ヒザがパカッと開いていたり、パンツが丸見え、なんていうブサイクな姿では、それまでの苦労がだいなしです。

立つ鳥跡を濁さず、ということわざがありますが、濁さないだけじゃなく、知的でエレガントな姿を記憶させて、恋のダメ押しをしましょう。ポイントはHKKで乗り込むこと。さっそくご説明しますね。

2 スムーズに乗り込む鉄則は「足からではなく、お尻から」

まず、タクシーのドアを開けてもらったら、シートにお尻から座ります。このとき、ヒザをカサネル（K）こと。上半身を車の中にカタムケ（K）入れ込みながら、腰をヒネって（H）下半身を入れ込みます。ポイントは上体をカタムケる反動で腰をヒネること。

奥に行く必要があれば、両手でからだを支えながら、奥へと腰を移動させていきましょう。混んでいる路上でなければ、一連のしぐさをゆったりと行うと、より美しいでしょう。

NG
しぐさ

尻に自信がないのなら足からタクシーに入るな!

これもNG

1 立ったまま、足から乗り込んでいく

2 からだをかがめて、車内に入る

3 まるで土俵にのぼる力士のよう

ここがNG

早く乗らなきゃ！その気遣いが仇《あだ》になる

1 まるで土俵入りの力士尻丸出し、股パッカン

「だって急いでるんだもん」

「早く乗らないと迷惑でしょ」

わかります。周りに迷惑をかけたくないという気持ちは素晴らしいと思います。

だからといって、一度に奥まで行こうとして、**腰をかがめて足から乗り込むと、まるで力士の土俵入りの小型版。**体重は重そうでオッサンのようにモサッと見えます。

それに、ドア枠に頭をぶつけたりするので、実際には「ＨＫＫ乗り」のほうがスムーズです。

2 いつも急いでいる人は正直モテません

いつも忙しい人や「急ぎグセ」のついている人は、乗り物に乗るときも急ぎます。ギリギリに自分を追い込むことで、力を発揮するタイプかもしれません。しかし、それを見ている周りの人は落ち着きません。本人もヘトヘトです。**いいですか？　このスタンスはモテません。**「忙しいアピール」「大変さアピール」は、相手に気を遣わせ、疲れさせてしまうのです。余裕のないときでも、しぐさだけは余裕をもつ。モテしぐさの掟です。

モテしぐさ

食べ方でさりげなく"お育ちのよさ"アピール

POINT

1. ワキをからだにカサネル
2. テーブルの縁は一の腕の真ん中に
3. ときどき食べるのをやめて話に聞き入る

難易度	★
美人度	★★
セクシー度	★★
ここは押さえておこうよ度	★★★

技 解説

一の腕の真ん中をテーブルのエッジにそっとおく

1 「一緒に生活できるかな?」男はいつも「食べ方」を見ている

「食べしぐさ」はもっとも重要な「モテしぐさ」。多少のことは我慢できても、ここがNGだとすべてだいなしです。特別なテクニックはいりません。とにかく背筋を伸ばしてゆっくり食べること。

とくに一の腕の真ん中がテーブルの縁にくるように腕をおくと、テーブルとの間にほどよい空間ができて上品です。ワキは開けすぎず、卵1個分程度開けて。ナイフやフォークは短くもたないようにしましょう。

2 フランス式とイギリス式を使い分けてワンランク上の女

知っておくと安心なのが、フランス式とイギリス式の違い。たとえばフランスではフォークの腹に乗せて食べますが、イギリスでは、フォークの腹に食べ物を乗せるのを嫌います。ライスをフォークの背に乗せて食べるのは、イギリス式ですね。スープ皿はフランス式は奥をもち上げ、奥からこちらへ、イギリスは手前をもち上げ、こちらから向こう側にすくいます。口に流し込む場合も、イギリス式はスプーンを横に使い、フランス式は縦に流し込みます。

NG しぐさ

「食べしぐさ」が原因の失恋 意外と多いんです！

これもNG

1. 口の中に食べ物を詰め込みすぎる
2. ヒジが前に出すぎて、姿勢が崩れている
3. 食事中のマシンガントーク

ここがNG

食べ方をチェックしてまた食事に行きたい女になる！

1 NGな食べ方を知って「ザンネン女」を回避せよ

①リス喰い　食べ物をほほにパンパンに入れてしまう。とくに話がはずんでいるとき、ほほに入れたまま受け答えをすることがありますが、口の中の食べ物が見えて相手は激萎えです。

②アリクイ食べ　舌で食べ物を受けとるように食べる。いやしい感じがして、まるでアリクイのようで下品です。

③フーフー　熱いものを冷ますときにフーフーしすぎると汁が飛んで服を汚したりします。服の虫食いの原因はソレですよ！

2 「沈黙」は最高のスパイス 聞き入ってしまった私を演出

とくに注意したいのが会話のスピード。相手に合わせず、先にモリモリ食べてしまったり、逆に、おしゃべりが止まらなくて、お皿を下げられそうになってかき込んだり。どちらも「ブスしぐさ」です。とくにデートのときは「話を盛り上げなきゃ」と思うかもしれませんが、にっこり微笑んで、黙って話を聞くのが「モテしぐさ」。もしも相手から「何？」と言われたら、「とてもいい話だから」とか「聞き入ってしまうな」などと答えればバッチリです。

 しぐさメモ♥ Silence is golden.（沈黙は金なり）

モテしぐさ

笑うときは、のけぞるな 前に折れるように笑い転げよ！

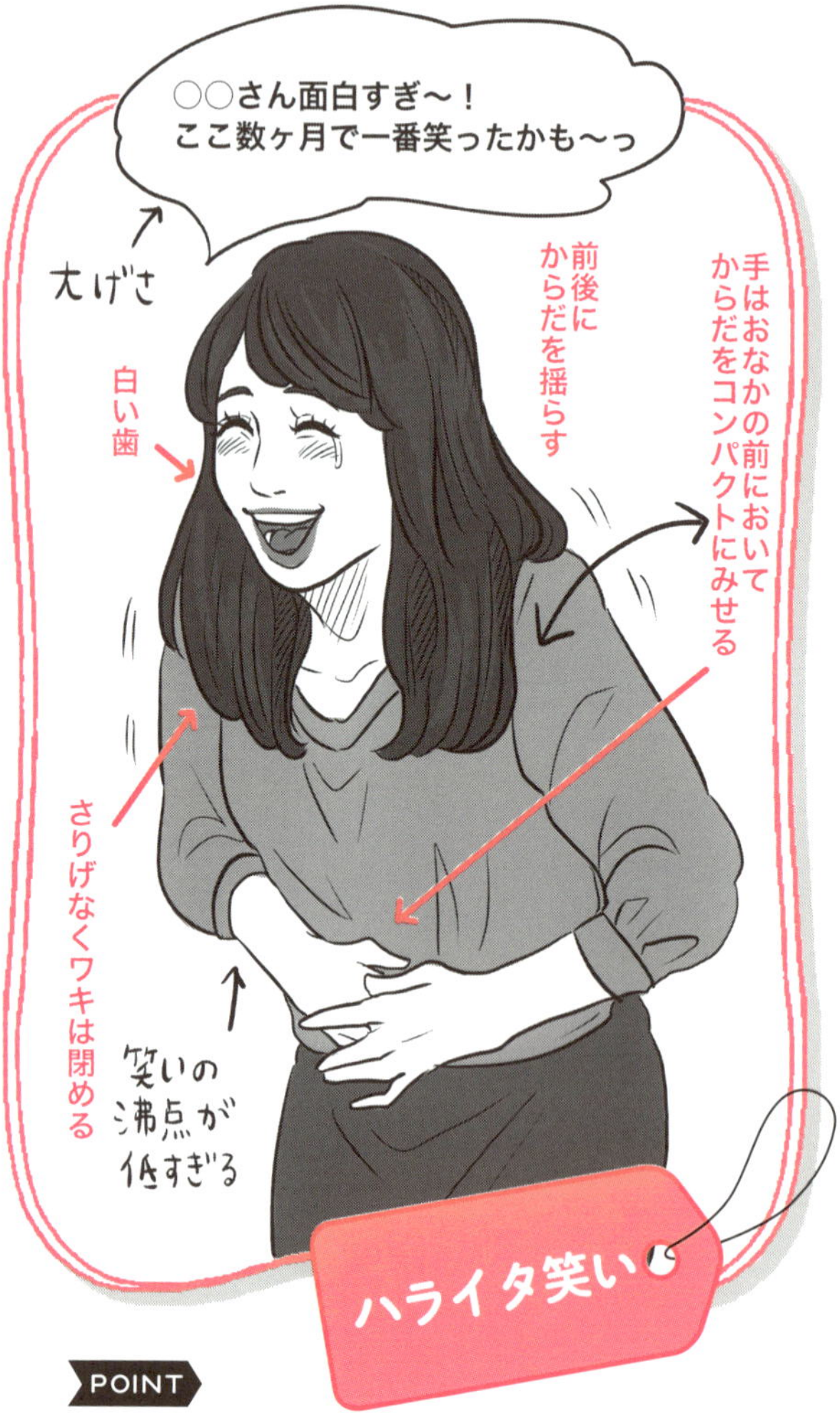

POINT

1. 手はお腹において、からだをコンパクトに
2. お腹を抱えて前のめりに笑う
3. のけぞって大笑いはNG

難易度	★
美人度	★
セクシー度	★★
ギャップ度	★★★

技 解説

「本気でウケてくれた子」に男は本気で恋をする

1 笑うときはちょっとオーバーに 笑い上手はモテ上手

男はいつも女性を笑わせたい生き物です。「美人しぐさ」でしたら、口角を上げた微笑が有効かもしれませんが、「モテしぐさ」なら、**ちょっと豪快に笑ったほうがベター。**「合コンでモテる女性」を観察してみると、男子のつまらない話にも、細かい反応を返してあげているもの。大勢の女性がいる中で、「ほんとに俺の話にウケている（俺を肯定してくれる）のはあの子だけだ」と思わせたいときに、押さえたい3つのステップをお伝えしましょう。

2 お腹をかかえて華やかに笑う

ステップ① 口角を上げるキレイな笑顔。
ステップ②「フフノ」と笑いながら、上半身を前にカタムケる。
ステップ③「アッハーハー」とお腹を抱え込む（そして目尻をそっとぬぐう）。

こんなふうに華やかに笑ってください。人の笑顔は周りを幸せにします。これは私たちの脳にミラーニューロンという神経細胞があるから。私たちには他者の行動を自分のことのように受けとめる機能があるのです。

NG しぐさ

デカい声でバカ笑い 素直といっても限度あり

これもNG

1 「ウケる〜」などと言いながら、手をパンパン叩く

2 隣の人を叩いたり、足をバタバタ動かしたりうるさい

3 「ここ誰が回すの？」など芸人用語を使う

ここがNG

オーバーアクションでも無表情でもNO！

1 いくらなんでも「うるさすぎる」のはちょっと

ナチュラルで大きな笑い方が男性の心をとらえるのは事実ですが、「うるさすぎる」のは考えモノ。デカい声でいつまでも笑っていたり、手をパンパン叩いたり、足をバタバタさせたり、隣に抱きついたりするのは下品です。**手はお腹、ワキは閉めて、「コンパクトなからだ」はキープしてください。**また「そのツッコミは」とか、芸人用語を使うのも、男性から引かれる要因です。あくまでも受け身で楽しむのが「モテしぐさ」です。

2 どんな美人でも縁遠くなる無表情女はもっとダメ

逆に無表情な女性もモテません。自分では笑ってるつもりでも、笑顔がこわばっていることも多いもの。パソコン仕事などで人とのリアルな交流がないと失感情症になり、だんだんと無表情になります。コンビニでおつりをもらうときに軽い会釈をしたり、「ありがとう」と伝えるなど、交流を心がけて。

鏡を使って笑顔の練習をしてみるのもいいでしょう。スマホの鏡アプリを使えば休み時間に自分の表情をチェックできますよ。

【コラム】 モテマインド1

第1章は美人オーラを放つ「モテしぐさ」をご紹介しました。「しぐさ」ですから、お伝えしたいのは「からだの動かし方」ですが、「モテ」にはもちろんマインドも大切。

相手の立場や心境を思いやる想像力、さりげなく相手のために動く心配り、媚《こ》びすぎない、プレッシャーを与えすぎない距離感……。

というわけで、ここでは主に「モテマインド」にフォーカスしていきます。

私たちの周りに出没しそうな「NGマインド女」をとり上げながら、周りから好感をもたれ、ついつい人々が引き寄せられてしまう「モテマインド」とは何かについてお話ししていきましょう。

NGマインド

相手のサインに気づかない「一方通行女」

「食事会である男性と話が盛り上がって、LINE交換までしたのに、その後、全然発展しなかった！」

そんな体験が続くなら、ひょっとしたら相手の「しぐさ」を読めていないのかもしれません。相手は話の内容だけでなく、「しぐさ」によっていろいろなサインを送ってきます。それがまったく読めないと「なんかこの子違うな」という烙印を押されてしまう可能性大。

モテマインドのもち主は、相手のしぐさにも注目して、相手を見極めています。ここで、基本的な「しぐさ」の読み方を一部、ご紹介しましょう。

①話している途中で、表情が一瞬固まる

……この話題はあまり話したくないので、根掘り葉掘り聞かないでほしいという気持ちの表れです。

②顔を触る

……鼻の頭をこする、アゴに手をおく、頭をかくなどは、自分で自分を励ましている状態です。

③なかなか目を合わせない

……シャイな人か、自分の考えをまとめながら話す慎重派です。

いかがでしょうか？

普段、会話中はつい「自分はなんて答えたらいいかな？」に気をとられがち。

しかし、「相手は何を考えているんだろう」にフォーカスしたほうが格段に親密になれます。

人は「わかってくれる人」に好意を抱くものだからです。

ですから、どんなに話が面白くてもこういうタイプもいただけません。

NGマインド

人の話をさえぎって話す「ショートカット女」

「わかるわかる！　私もね～」

「それ私も思ってた！」

人の話を最後まで聞かないでさえぎる人は正直モテません。相手は「自分の話はつまらないのかな」と思ってしまい、あなたと一緒にいても楽しい気分にはならないからです。

この手のタイプは「やさしそうだから、いい人に違いない！」とか「〇〇大学出たのだから、頭がいいはずだ」などと、思い込みで人を判断しがち。会話を掘り下げられないので、人と深くつながれません。

たとえパーティーがほしくてパーティなどに必死に出かけても、二度と連絡しない相手の名刺が増えるだけ。運命の彼と出会いたいなら、100の出会いより、深い縁を結べそうなたったひとりを見つけるほうが近道です。

まずは相手が何を話したいのか、思い込みをはずして、相手の言葉にじっくり耳をかたむける練習をしてみてください。

過去に他人の意見に振り回されたことがあって、人の話を素直に聞けないという人もいるでしょう。しかし、あなたが他人の言葉をちゃんと聞けば、相手もあなたの言葉に耳をかたむけてくれるはずです。

NGマインド

「いい男いない？」が口グセの「恋愛体質女」

もしも今、素敵なパートナーを手に入れたいと思うなら、自分が熱中できるものを見つけるといいでしょう。

「え？　恋愛したいのに、遠回りじゃないですか？」

と思われるかもしれませんね。

男性は女性が何かコツコツがんばっている姿に魅力を感じるものです。

仕事でもいいですし、趣味でもかまいません。スポーツでも音楽でも何かの研究でもいいでしょう。「料理にハマってる」なんてポイント高いですよね。

いつも恋愛のことばかり考えている恋愛体質の女性は、男性から見るとちょっと物足りないもの。

熱中できることをやって、自分の人生を充実させる。
これぞ究極の「モテマインド」です

第2章

男をドキッとさせる
モテしぐさ図鑑

男性が思わず恋に落ちてしまう「隙」。
この章では女性らしい「品」を保ちつつ、
「隙」を出していく
「モテしぐさ」についてまとめました。

モテしぐさ

視線だけで恋にオトす"揺れるまなざし"の作り方

POINT

1. 相手をじっと見つめる
2. 顔は動かさないようにする
3. 相手の右目→左目→右目を交互に見る

難易度	★★★
美人度	★★
セクシー度	★★
うるうる度	★★★

技 解説

顔を動かさずに、瞳だけで相手の左右の目を見る

1 恋を呼ぶ「揺れるまなざし」は自分で作れる!

第1章は「美人オーラを放つ」をテーマにしてきましたが、本章は「男をドキッとさせるモテしぐさ」を扱っていきます。

さて、人は何で恋に落ちると思いますか? いろいろあるとは思いますが、何と言っても相手の瞳を見た瞬間に恋に落ちたなんて場合も多いもの。うるうるとした瞳、揺れるまなざし……。**実はこれ、自分で作ることができるんです。それが「瞳バイブレーション」。**さっそくやり方を説明しましょう。

2 キョロキョロはNG 瞳だけを揺らす

気になる相手ともう一歩親密になりたいときは、親密な距離(一の腕の距離)に入ったときに瞳を揺らしてください。

方法は、**顔を動かさず、瞳だけで相手の左目と右目を交互に1〜2回見る**だけでOK。瞳がちらちらと揺れます。すると、男性もつられてあなたのを目を追い、**何だかわからないけれどソワソワした気分**になってしまうのです。まずは鏡に映した自分の左右の目を見て練習してみましょう。

 しぐさメモ♥ 大丈夫。微妙に揺れてます

モテしぐさ

初対面で「好印象」をゲットする

POINT

1. 両手で受けとる
2. 胸の前でキープして話す
3. ワキを閉める

難易度	★
美人度	★★
セクシー度	★★
子犬度	★★★

技 解説

「大切に思う気持ち」を伝える名刺のもち方

1 まずは失礼のないように「ちゃんとした子」アピール

大勢が集まるパーティで素敵な人を発見！　紹介してくれる人もいないし、共通の話題もないし、どうしよう……。

そんなときにモテツールになるのは「名刺」。お目当ての人が名刺交換をしている場合は、名刺入れをとり出して、「名刺交換したいムード」を出しつつ、順番を待つこと。

そして番になったら、「お名刺交換よろしいですか？」と声をかけて自分から名刺をお渡しします。**初対面では丁寧さが肝です。**

2 バストの高さ&両手もちで「かわいくて丁寧」なムードに

自分の名刺を両手でお渡ししたあと、相手の名刺を両手で受けとります。**両手でもったまま、バストの前でキープ。ワキを閉めると、かわいらしさが倍増します。**そのポーズのまま、しばらくお話ししましょう。名刺の裏をさりげなくチェックしたり、「タロウさんて言うんですね」などと下の名前を確認してもいいでしょう。下の名前を呼ばれると、男性でも親密さがアップします。会社の場所や出身地などに話を広げてもいいですね。

モテしぐさ

「会いたかった！」を伝える子犬モード

POINT

1. 待ち合わせ場所に先に着いておく
2. 彼が5、6歩の位置まで来たら1歩だけ前に進む
3. 胸元あたりで小さく手を振ってもかわいい

難易度	★
美人度	★★
セクシー度	★★
けなげ度	★★★

技 解説

彼があと5、6歩の位置まで来たら1歩だけ近寄る

1 たった10センチなのに印象が激変！

気になる彼と待ち合わせ。もしも先に到着していたら、この「モテしぐさ」を試してみてください。待っているあなたを見つけた彼。「待った〜」なんて言って、当然近づいてくるでしょう。**彼があなたの元に着く直前、あと5、6歩の位置まで来たら、こちらから1歩だけ彼のほうに踏み込んでみます。**踏み込むのはほとんどわからないくらい、10センチでも十分。これで、ちょっとでも早く会いたかった、という気持ちが伝わります。

2 待っているときはAライン立ちがかわいい

まさかと思うかもしれませんが、この「1歩サービス」をセミナーのワークで実践していただくと「わぁ」と歓声があがるほど、印象が違います。

些細な1歩ですが、そのあとのデートがいい雰囲気になることは間違いありません。

「お疲れさま〜」なんて言って、小さく手を振ったりするのもかわいいでしょう。待ち姿も大切です。P44のAライン立ちが自然でオススメです。

モテしぐさ

セクシーは「かかと」に宿る！ 小悪魔な隙見せテク

あれ、
今日佐々木ちゃんお休み？
妻子もちバーテン
佐々木ちゃんに色々相談しがち
服はきちんとスーツ
足首が華奢にみえる
意図的っぽくない
半分脱げている
半足
ハイヒール

POINT

1. 場所はバーなどリラックスできる店
2. ハイヒールを半分脱ぐ
3. ベロベロにはならないこと

難易度	★★
美人度	★
セクシー度	★★★
いい女度	★★★

技 解説

窒息とリラックスの対比が男心をくすぐる

1 男性はハイヒールが大好き！ そこにひと味加えます

言わずもがなではありますが、多くの男性はハイヒールが大好きです。あの美しい形状と不安定さ、そして足にぴったり吸いつき、窒息しそうな感覚。ずっと履いていれば、疲れるのは男性にも想像できます。お酒の席で、**そんなハイヒールを脱いでしまったのか、脱げてしまったのか、無意識に片方のかかとだけ浮いてしまっている**のは、アキレス腱の細さが強調されて、たまらなくセクシーに見えます。これが「半足ハイヒール」。

2 完全に酔っ払うのはNG キレイに飲むから、「隙」が活きる

「モテしぐさ」のポイントは「隙」だ、とお話ししましたが、さりげなくかかとが見えている「半足ハイヒール」はまさに「隙」マジックの代表格です。**脱げているのは片方だけ、というのがポイント。両足全部脱いでしまっていては、ただの「だらしない女」。**

飲みすぎにも注意。「隙」というのは、しっかりしたいい女がちょっとだけ見せるから有効なのであって、ベロンベロンの状態でハイヒールを脱いでいても興ざめです。

モテしぐさ

ヒネって、カサネテ 誘惑する「髪しぐさ」

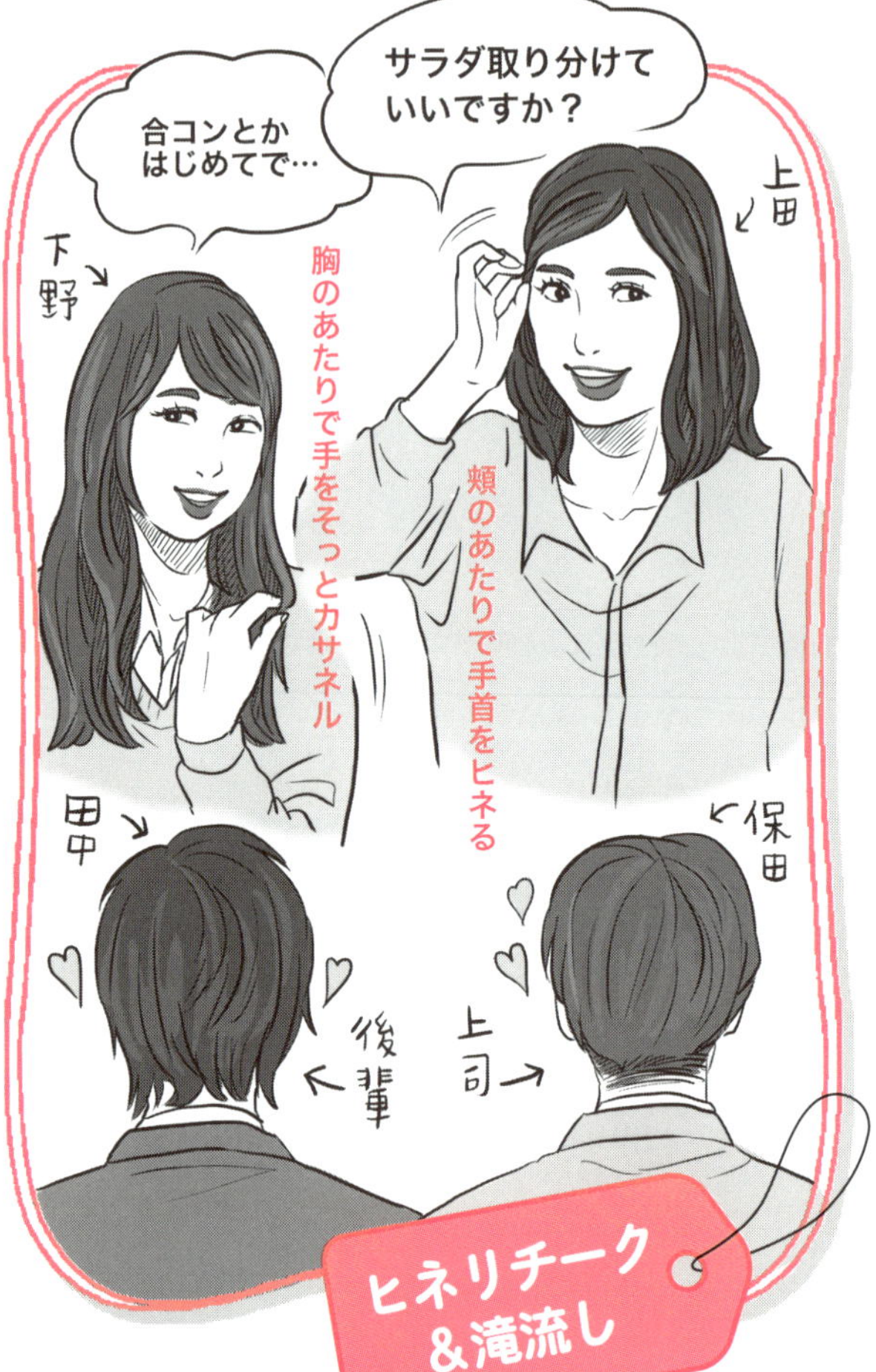

サラダ取り分けて
いいですか？
合コンとか
はじめてで…
上田
下野
胸のあたりで手をそっとカサネル
頬のあたりで手首をヒネる
田中
保田
後輩
上司
ヒネリチーク
&滝流し

POINT

1. （ヒネリチーク）髪をかき上げ、ほほのあたりで手首をヒネル
2. （ヒネリチーク）手のひらを相手に見せる
3. （滝流し）胸に髪をカサネル

難易度	★★
美人度	★★
セクシー度	★★
さらさら度	★★★

技
解説

「髪しぐさ」は女性らしさをアピールするチャンス

1 「ヒネリチーク」で手のひらを相手に向けると、やさしい印象に

仕事などオフィシャルな場で髪を直すのはマナー違反ですが、「髪しぐさ」は、身だしなみを整える動作の中でも、女性らしい隙が垣間見えて、魅力的なものです。

ボブヘアやセミロングの方にオススメしたいのが「ヒネリチーク」。

髪をかき上げる手がほほ（チーク）のあたりを通るときに、手首をゆっくりヒネリ、手のひらを見せるようにすると、美しくやさしい印象になります。

2 胸のあたりに髪を着地させる「滝流し」で上品に

ロングヘアの方は「滝流し」が上品です。これは小さな滝がつらなった繊細なイメージ。**直した髪の先を胸のふくらみのところにフワっと着地させるように手でもっていく**と、細かいところまで丁寧でいかにも〝毛並みが良い〟お嬢様に見えますよ。

避けたいのは、ほこりを払うようにバサッと髪をなびかせるしぐさや、髪をかき上げるしぐさ。まるでうっとうしくてじゃまなものを扱うように見えてしまいます。

モテしぐさ

キリッと髪をまとめながら目線をはずして「隙」を出す

POINT

1. 両ワキをヒネリ上げる
2. 胸を開く（オープンハート）
3. 目線は相手ではなく、左右どちらかにハズす

難易度	★
美人度	★★
セクシー度	★★
大胆度	★★★

技 解説

「隙」パーツである「ワキ」を大胆に見せてしまうテクニック

1 隠れていた部位をちらっと見せる それが「隙」の正体です

隠れていたものが現れる……男性はそこに「隙」を感じるわけですが、**「ワキ」もまた普段は隠れている「隙パーツ」。**

だからこそ、挑発的とされるポーズはみな、手を頭のうしろに上げているのでしょう。ピカソの有名な絵画『アヴィニョンの娘たち』(1907年)にも、ワキを見せて挑発する、売春婦たちの様子が描かれています。

このカラクリを利用したのが「ワキ見せオープンハート」です。

2 きちんと結ぶときだからこそ 無防備なワキにドキドキ!

両ワキをヒネり上げ、胸を開く「ワキ見せオープンハート」はかなり挑発的なポーズです。何もないときにやるのはちょっと変かもしれませんね。

チャンスはラーメン屋さんや社内の大掃除などで髪をまとめるとき。キリッとしようとする行為なのに、反対に「隙」を見せてしまっているところが意外で、相手をドキッとさせます。目線は左右にずらすとより無防備でセクシーな雰囲気になるでしょう。

しぐさメモ ♥ 肩こりにも効くしぐさです

モテしぐさ

いい女は「自分から動いて」ライトにナンパする

じゃぁ〜
駅前に新しくできた
カフェにしよっか〜
↑女子力の塊
顔ごと大胆に相手にむける
じっとみる
目があったら急いではずす
またチラッと見る
チラ見コンタクト

POINT

1. 意中の彼を見つめる
2. 目が合ったら、急いではずす
3. またチラッと見る

難易度	★
美人度	★★
セクシー度	★★
チラチラ度	★★★

技 解説

「ちょっと気になってます」をてっとり早く伝える方法

1 出会いは自分からとりにいく「気づかせるサイン」は女性から

「隣の部署に気になる人がいる」

「いつものカフェに素敵な人がいた」

そんなとき、あなたならどうします？

挨拶したり、話しかけたりできる人はごくまれでしょう。たいていは「女の子が自分から行くのは無理」と考えて動けないのではないでしょうか。そんなことはありません。実は男性は女性から声をかけてもらうほうがラク、と思っています。**まずはこちらから「ちょっと気になってますよサイン」を出しましょう。**

2 「あれっ？」と思われたらまずはOK

恥をかかずに、スマートに「気になってますサイン」を伝える方法、それが「チラ見コンタクト」です。**まず、意中の相手をじっと見つめ、目が合ったら急いではずします。そして、またチラチラ見ます。**とくに目が合ったら、はずすのがポイント。相手に「あれっ？」と思ってもらえたらまずは成功です。「自分から仕掛けるのは恥ずかしい人」は、世界の人口、73億分の1の確率で目の前の人に出会っていると考えてみて。勇気が出ませんか？

モテしぐさ

「大好き」を伝えるには「沈黙」が一番！

……………………
エヘ… なんか落ち着く…
!?
話が盛り上がったすぐ後が効果的
目と目をカサネル
話したくなってもガマン
うずうず
心の中でアイシテルをゆっくり（1秒間隔で）2回言ってもOK
女の子とデートは久々
スパイダーマン大好き
頭の中でドリカムが流れている
10秒サイレント

POINT

1 目と目をカサネル

2 とにかく10秒黙る

3 話が盛り上がった直後が効果的

難易度	★★
美人度	★
セクシー度	★★
ドキドキ度	★★★

技
解説

10秒間黙って見つめてみる
大丈夫。「なんか落ち着く」で何とかなる

1 しゃべればしゃべるほど心が離れてしまうこともある

最近よくゴハンに行く彼。いつも楽しく食事をしてバイバイするけど、一体私のことをどう思ってるの！　恋人候補？　それとも友達止まり？　そんな状況を何とかしたいなら、オススメなのは「沈黙」です。

おしゃべりで盛り上がるのは、確かにお互いの関係を深めるでしょう。でも、それが男女の関係なのか友達関係なのかは謎。**しゃべればしゃべるほどむしろ男と女の関係から遠のいてしまう**こともあるかもしれません。

2 黙る勇気が彼との関係を一歩進めてくれる

そんなときは、「沈黙」です。話が盛り上がり笑いが納まったあと、**相手の目をちゃんと見て、ふと黙り込む。時間は10秒間。**P88の「瞳バイブレーション」を試してもいいでしょう。

突然黙り込むのは勇気が必要かもしれませんが、それが彼との関係を進展させてくれるはずです。恋を語る上で、沈黙は饒舌《じょうぜつ》。「何？」と言われたら、「なんでもない」では盛り上がりません。「なんか落ち着く」が正解です。どんな沈黙もこのひと言が救ってくれます。

しぐさメモ ♥「だるまさんがころんだ」と心の中でとなえてもOK

モテしぐさ

知的なムードを漂わせるひとり時間の過ごし方

このカフェ、知的な人だらけだ〜…
男性の視線に気付いている
こめかみにタッチ
顔周りの固いところに手をカサネル
ミステリーを読む自分が大好き
アゴにタッチ
口角は上がってる
骨タッチ

POINT

1. 顔周りの骨のところに手をカサネル
2. たとえば、こめかみにタッチ
3. アゴタッチも効果的

難易度	★
美人度	★★
セクシー度	★★
知的度	★★★

技 解説

「なんか素敵だな……」ひと目ぼれは手の位置が決める

1 通りすがりの男を「出会い」にまでもっていく方法

「いい出会いがナイ！」とお嘆きのあなた。そんなことはありません。出会いはありとあらゆるところに転がっています。

とくにオススメなのはスキルアップを目的にしたセミナーや、大学が一般向けに行っている公開講座です。すでに共通の話題があるので、**「おひとりですか？」などと声をかけられる可能性は大いにある**のです。

そんなとき、さらに「声かけ」打率を高める、とっておきの方法、それが「骨タッチ」です。

2 硬いモノに触ると知的なムードを演出できる

ひとり物憂げに思いを走らせている女性は神秘的。知的で自立していて、ついついひかれてしまう男性は多いもの。

「骨タッチ」が作るのはそんなムード。顔の骨の部分、こめかみやアゴに指や手をおいてください。硬質なものにタッチしている様子が、「知的なムード」を演出。目を閉じてみても素敵ですね。深い呼吸をして落ち着いたらゆっくり目を開けて。自分が心地良くいることが周りの空気に伝わるはずです。

しぐさメモ♥ とくに大学のファッション講座は、いい男がワンサカいる

モテしぐさ

「今夜は帰さない！」男に覚悟を決めさせるHKK

あー…酔っちゃったみたい…
上半身はカタムケル
肩をうしろにヒネル
全身スキだらけ（あくまで決めるのは彼）
胸をひらく
カベルネ・ソーヴィニヨン
テイクアウトほおづえ

難易度	★★
美人度	★★
セクシー度	★★
うるうる度	★★★

POINT

1. 肩はうしろにヒネル(H)
2. 上半身はカタムケル(K)
3. 彼の瞳に視線をカサネル(K)

技 解説

デートの終わりは姿勢で「隙」を出しまくる

1 面接モードじゃ次の進展に進まない

たとえば、前ページの「骨タッチ」で彼を射止めたとしても、ずっと知的なムードでいれば、関係は深まりません。草食男子も多く、「いつまで経っても進展しない！」なんてことも多いもの。

デートを重ねるようになったら、**女性のほうから、あからさまな「隙」を出してあげることも大切です。**たとえば長い時間一緒にいたら、後半は少しからだを崩して、「ゆるいムード」を出してあげると、急展開も思いのままです。

2 計算された「ゆるいしぐさ」がシャイボーイに勇気を出させる

場所はバーなどお酒を飲めるところがいいですね。あなたと彼、向き合うふたりです。

①あなたは好きな相手に近づきたいと、頭が前に出るので、片ヒジが前に出て、**上半身がカタムキます。**

②そこで、ほおづえをついて、**その反対側の肩をうしろ側にヒネります。**これで猫背にならず、美しく胸が開かれます。

「大丈夫？」と聞かれたら、もちろん答えは「どうしよう、ダメみたい」がベストです。

モテしぐさ

「いそがしぐさ」はNG いい女ほどゆっくり動く

POINT

1. 話しかけられたら、からだ全体を相手に向ける
2. 仕事をしながらランチを食べない
3. 「寝てない自慢」は絶対しない

難易度	★
美人度	★★
セクシー度	★
丁寧度	★★★

技 解説

からだ全体を対象に向ける それだけで「丁寧な」印象に

1 ご用心！「バタバタ女子」はモテません

P73でもお話ししましたが、「急ぎグセ」のある女性はモテません。男性が女性に求めるものは数々ありますが、そのひとつは癒やし。もちろん忙しく充実した日々を送っている女性は素晴らしいのですが、**いつもバタバタされては、相手は気が休まりません。**最近、恋愛がごぶさただな、という方はちょっと自分の生活を見直してみてください。「よく考えたら、恋愛する時間をあけてなかった」なんてことに気づくかもしれませんよ。

2 どんなに忙しくても しぐさで「余裕」を演出

とはいっても、忙しい日々が急に変わるわけではありませんよね。**せめて「しぐさ」を変えるだけでもだいぶ違います。**たとえば、話しかけられたら、パソコン作業はいったんおいて、相手に全身を向けて話す。それだけで、余裕ある女性の雰囲気が漂います。ランチを食べながら書類チェックなんてNG！ ランチはランチで集中（フォーカス）して食べる。書類は書類に集中する。美人とはひとつひとつを丁寧に「シンプルタスク」で行うものです。

しぐさメモ ♥ ゆっくり動くと、副交感神経の働きも高ります

モテしぐさ

近づきたいなら足から いつの間にか親密度アップ！

ここ教えてくださーいっ
上半身はうしろにカタムケル
上半身を離すことで圧迫感を与えない
1人国内旅行にはまっている
朝食はドトールのミラノサンド
足を相手の足に近づける
足寄せアプローチ

POINT

1. 足元はパーソナルスペースに入り込む
2. 上半身はカタムケル
3. 胸元に手をおくと相手に安心感を与える

難易度	★★
美人度	★
セクシー度	★★
親密度	★★★

技 解説

相手に引かれることなくパーソナルスペースに忍び込む

1 「感情は足に宿る」その仕組みを逆手にとる

たとえば、集団の中で周りに内緒で付き合っているふたりは、相手と話すとき、周りに気を配って顔や上半身は離しますが、足元は近くなっていたりします。

逆に、表向き仲が良さそうなふたりも、敵対している場合、足元が遠く離れます。

そのふたりがどういう関係かを知るには、足元を見ればいい。**つまり、感情は「足元」に出るのです。**これを逆手にとったのが「足寄せアプローチ」。

2 圧迫感を与えずに相手と親しくなる秘密の方法

たとえば、オフィスの別の部署に気になる男性がいる場合。もしも話しかけるチャンスがあるなら、**自分の足を相手の足に近づけてみてください。**からだ全体を近づけるのはNGです。圧迫感を与えてしまいますし、ズカズカ近寄られるのが嫌いな男性もいます。

しかし、胸元を遠ざけるようにカタムケれば相手に違和感を与えません。「あの子とはなぜか他の子より話しやすいな」などと思わせることができます。

 しぐさメモ ♥ 個体距離（45cm ～ 120cm）から密接距離（0cm ～ 45cm）に入り込め

モテしぐさ

照れ屋の男性に近づくとっておきのテクニック

○○さんだけに
話すことなんですけど…
ウン…
胸に手をやたらカサネる
小声で
すっ
先週社内の女の子から
告白された
胸だまし

POINT

1. 胸に手をカサネル
2. 思い切って、相手に近づく
3. 話すときは小声で

難易度	★
美人度	★
セクシー度	★★★
懐に入り込み度	★★★

技 解説

シャイな男性のハートは胸でつかむ

1 自分から行かないと照れ屋のいい男にたどり着かない

「いつの間に彼の隣に座ってる！」

「え？　もうLINE交換したの！」

こんなふうに、いい女は気になっている人と素早く親密になります。

もちろん、積極的だから、ということもありますが、何より近づき方が自然なのです。

たとえば、照れ屋の男性は、女性と話す距離感をつかむのが苦手です。男性から近づいてこない場合は、ほうっておいたら永遠にそのままなんていうこともあるのです。

2 隠しながら人一倍、意識させる

親しくなりたい男性がいたら、ずっと顔を見ることになる正面は避け、友達のように横並びに座ります。話すときは、自分の胸の前に手のひらをカサネ、ゆっくりヒラヒラさせながら小さな声で話します。上品ですよね。

続いて、話を聞くときは、自分の胸を手のひらで隠しながら、手の甲が相手にくっつきそうなほど近寄ります。話し込んできたら、その手をテーブルの上におきます。**これで、彼はあなたの胸から視線がはずせません。**

しぐさメモ♥ アメリカ人は尻が好き。日本人は胸が好き

モテしぐさ

胸を武器にするなら想像力に火をつけさせろ！

あれ？どうした？
少し顔色がよくないよ
上半身をカタムケル
ヒザにヒジをカサネル
女医トーク

POINT

1. 上半身を前にカタムケル
2. ヒジをヒザにカサネル
3. 胸元は見えそうで見えないをキープ

難易度	★★★
美人度	★★
セクシー度	★★★
問診度	★★★

技
解説

ヒジにヒザをカサネテ
いい感じでからだをカタムケル

1 「女医さん」のように やさしく親身に話を聞く

「胸だまし」は胸を隠して、もっと相手に近づいてしまおう、という技ですが、他にも胸で誘惑する「モテしぐさ」があります。

それは「女医トーク」。

これは基本的には相手と話をするとき、女医さんになったつもりで、話を聞いてあげる、というしぐさ。

やさしく穏やかな、しかもセクシーなモテしぐさで、相手の熱をますます上げてしまってください。

2 見えそうで見えない がポイント

「女医トーク」スタイルの作り方は、まずイスやベンチに浅く腰かけ、ヒザにヒジをカサネテ、上半身を前にカタムケます。そして、相手をのぞき込むように、顔をヒネリます。

大切なのは谷間を見せるのではなく、「想像させる」こと。「触れたらやわらかそうだな」と感じさせることがポイントです。

ですから、もちろん胸の大小はあまり関係がありません。**直接、触れたいと想像させることがモテの秘訣**なのです。

モテしぐさ

まさかこんなときにも!? 寄せて上げる高等テク

POINT

1 胸に一の腕をカサネル

2 さりげなく胸を寄せて上げる

3 相手は座らせ、自分は立つ

難易度	★★★
美人度	★
セクシー度	★★
寄せて上げる度	★★★

技 解説

「怒り」の感情を「モテ」に変える秘策

1 叱りながらも、かわいい女を見せつける

もしもあなたが、職場の部下や後輩など、意中の人に向かって怒る機会があったら、実は親密になる絶好のチャンス。まず、人前で注意したくないから、密室になりやすいですよね。こんなときにオススメしたい「モテしぐさ」は「バストアップ説教」。相手を座らせて自分は立つ。**目の前にあるのはあなたの寄せて上げられたバスト。**やわらかな胸を自分への怒りで、キュッと押しつぶしたしぐさに彼は身動きがとれません。

2 「あなたなら」「あなただから」という言い方で叱る

もちろん、頭ごなしに叱ってはいけません。単なる「イヤな女」「ムカつく女」に格下げです。まずは丁寧に「○○さん、ちょっとお話を聞きたいのでいいですか？」と誘い、

①私はいい仕事がしたい
②それゆえ怒りたくないけど、注意します
③あなたならわかってくれると思って本音を話します
④他の人ではなく私はあなたに期待してます

という流れで話すのがベストです。

モテしぐさ

気づかれないように接近「忍びタッチ」で技あり！

POINT

1. 笑いながら肩にもたれて話す
2. ツッコミながらタッチしてもOK
3. とにかくボディタッチは自然に

難易度	★★
美人度	★
セクシー度	★★
いつの間にか度	★★★

技 解説

フランクな男子にはやっぱりボディタッチ！

1 男性は触られた瞬間にあなたを意識し出します

「足寄せアプローチ」や「胸だまし」など、相手を圧迫しないアプローチ方法をお伝えしてきましたが、人は本来、ぬくもりを求めるもの。彼に自然に触れられる「モテしぐさ」を習得しましょう。

もし、男性と並んでいるのなら、笑い転げた感じで相手の肩にもたれかかる「もたれ肩笑い」がオススメ。自分の話に笑ってくれて、なおかつタッチもしてくれる。この人となら身も心も相性が良さそうと思われます。

2 技は様々自然なタッチが肝

他にも、「そんなに笑わせないで〜」などと軽くヒジで触れる「エルボー笑い」、「何言ってるの！」などと肩に軽いツッコミを入れる「ツッコミタッチ」、彼の洋服の乱れを直しながら触る「エリ直しタッチ」「フード直しタッチ」など、様々なバリエーションが考えられますね。**要はあまり気づかれないうちに、スキンシップを増やしていくことが肝心です。**それによって、あなたは自然と彼の「ちょっといいな」フォルダに入れてもらえる可能性大です！

しぐさメモ ❤「私の手、スゴく小さくないですか、ほら」タッチもあり

モテしぐさ

気になる彼と腕を組みたい！なら、まずは背中をタッチ

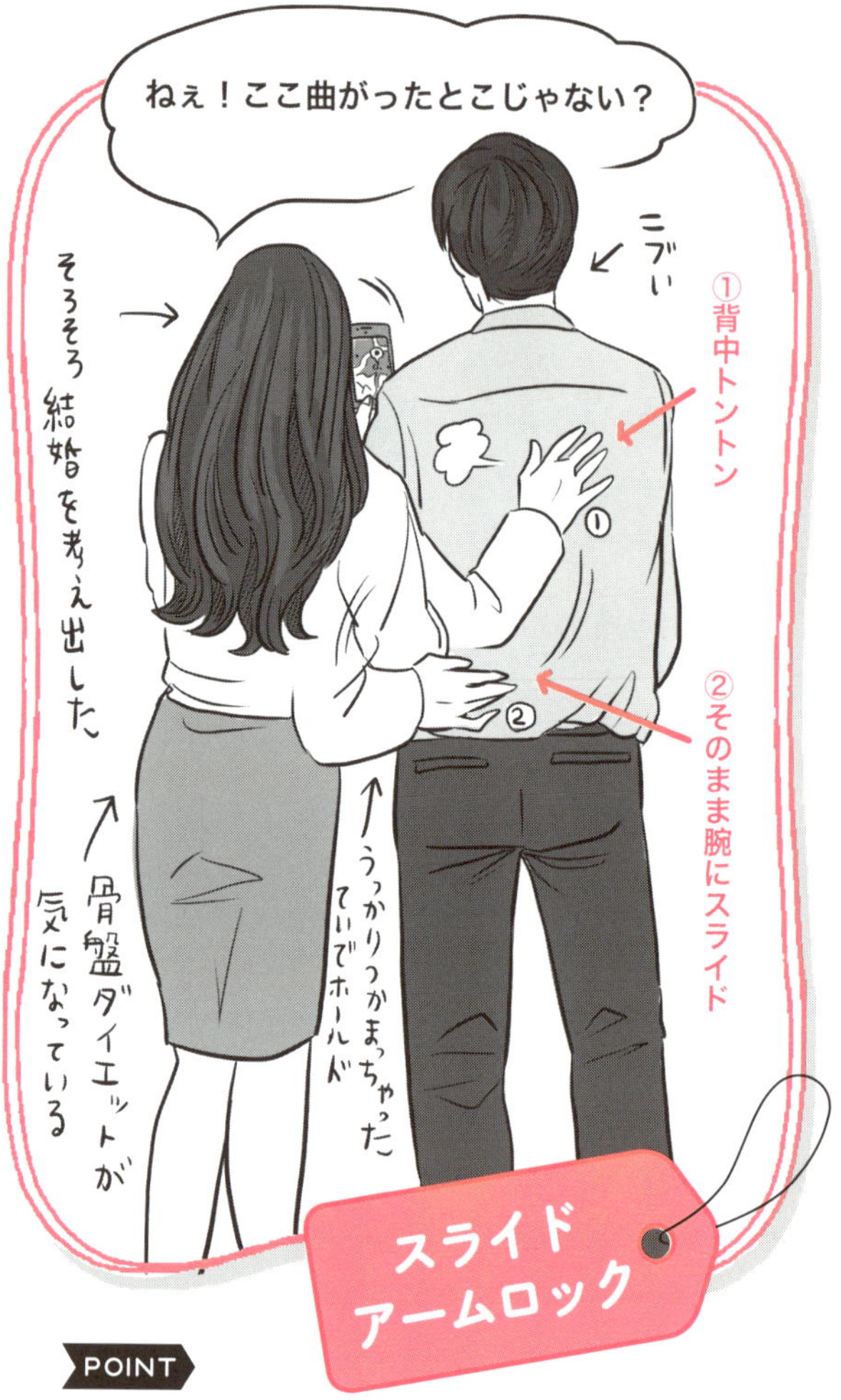
ねぇ！ここ曲がったとこじゃない？
ニブい
そろそろ結婚を考え出した
①背中トントン
②そのまま腕にスライド
①
②
うっかりつかまっちゃったていでホールド
骨盤ダイエットが気になっている
スライドアームロック

POINT

1. 「これこれ」などと背中をポンポン
2. そのまま腕にスライド
3. うっかりつかまっちゃったていで

難易度	★★
美人度	★
セクシー度	★★
ドサクサ度	★★★

技 解説

ワンクッションおいたほうが腕は組みやすい

1 いったん腕を組んで様子を見てみる

たとえば、最近よくゴハンに行く彼。なんとかもっと近づきたい！　そんなときには「スライドアームロック」をお試しください。

①「ねえ見て」とスマホなどを見せながら、相手の肩をつついたり、背中を叩く

②**そのまま、手のやり場がなく背中につかまるところがないので、腕を組む**

ヒジのあたりの服をつまんでもOK。顔はあくまでスマホを見ているのがポイントです。思わず組んでしまった感を出して様子を見ます。

2 男性の腕組みに手を差し込んでもかわいい

そして、一瞬組んでから、すぐに離します。相手から、しっかり組みたい感触があったら、そのまま腕を組んでもいいでしょう。思わずつかまり腕をとってしまった感じで腕を組みたい意思が伝わればいいのです。

男性が腕組みをしていたら、その隙間に、手のひらをチョコッとはさむように差し込むのもかわいらしいしぐさです。男性にしてみると腕組みをはずす必要がないので、周りの目を気にしないでいられます。

しぐさメモ♥ 男性だって自然に腕を組みたいんです

モテしぐさ

意中の彼があなたとキスしたくなってくる

えっ！？
なんかいつもと違う…
一瞬見てすぐに彼の目にもどす
チラ…
マウスウォッチ

POINT

1. 話している途中、相手の唇を凝視
2. すぐ相手の目に戻す
3. はにかむように微笑む

難易度	★★
美人度	★
セクシー度	★★★
伏し目がち度	★★★

技 解説

話している途中でチラッと相手の唇を見る

1 「視線」を制する者は恋を制す

たとえば初デートの帰り道。話題が盛り上がってしまって、なかなかロマンチックなムードにならない。困ったな。そんなときにオススメなのが「マウスウォッチ」。

相手の目を見て話しているときに、ふと口元を凝視し、また相手の目に戻ります。

唇というのは性的な器官ですから、男性はここを見つめられるとドギマギしてしまいます。

恋を一気に動かすのは、こうした「視線の動き」なのです。

2 口元を見ると伏し目がちの美しい表情に

また、「マウスウォッチ」は相手の口元を見た瞬間、視線が下がり伏し目がちになるため、まつげが強調され、**女性の顔を美しく見せてくれる効果も**あります。

映画『007 カジノ・ロワイヤル』にも互いの口を見つめ合うシーンが出てきます。主人公のジェームス・ボンド（ダニエル・クレイグ）の口元を見つめるヴェスパー・リンド（エヴァ・グリーン）の美しさたるや……ぜひマスターしてほしい「モテしぐさ」です。

 しぐさメモ ♥ 美しい「伏し目」のためにアイメイクは丁寧に

【コラム】モテマインド2

第一章に続いて「モテマインド」についてお話ししていきましょう。

まず指摘したい「ＮＧマインド女」はこれ。

ＮＧマインド 他の人はどうでもいい「ピンポイントモテ狙い女」

誰からモテたいか、と聞かれたら、

「好きな人にだけモテれればいい」

「アリな人から好意をもたれればいい」

そう答える人も多いかもしれませんね。

でもそういう人は、たいてい「好きな人」からもモテません。

他人のやさしさや好意に鈍感になってしまうからです。

私はポージングディレクターという仕事を通して、多くのタレント候補生を見てきましたが、ときどき、すごく美形というわけじゃないのに、なぜか人気があり、仕事が舞い込んでくる人がいます。

観察してみると、そういう子は周りの人にまんべんなく親切。プロデューサーにだけ愛想がいいとか、上に引き上げてくれる人にだけ媚びる、ということがありません。どんな人にでも丁寧に接する。そうした態度が「この人を応援してあげたい」というモテムードを作り上げます。

もしもモテたいなら、まずは身近な人に丁寧に接すること。

店員さんからおつりをもらうときに、ちゃんと「ありがとう」「どうも」とお礼を言う。ゴハン屋さんから出るときに、笑顔で「ごちそうさまでした」と伝える。「モテマインド」はそんなことから磨かれていきますよ。

NGマインド

仕事できるアピールがウザい「私が回してる女」

実力もやる気もあり、仕事をバリバリこなし成功しているキャリア女子も、男性から敬遠されがち。なにせ、男性のハートはガラスでできていますから、「あいつ、使えないな〜」など上から目線でくる女性は、己の小さなプライドを粉々にしてきそうで怖いのです。

それに、「やっぱり私がいないと回っていかないわねー」などの「仕事できる」アピールも、ナルシスティックな匂いがしてウザいのが本音。

もしも、自分がそんな「私が回してる女」になっていそうだったら、意識して「隙」を作ってください。

「実は虫が超苦手なの」など弱い部分も伝えると、そのギャップに男性はドキッとします。

「地図はまったく読めないの」

「実は漢字をしょっちゅう間違える」

など、かわいい「弱点ネタ」を用意すると、いい意味で「ヌケ感」が出ます。

その「ヌケ感」にこそ、「隙」の魅力が漂うものなのです。

NGマインド

イケメン以外お断り「ルックス至上主義女」

「やっぱりイケメンじゃないと好きになれない！」

というあなた、その気持ちはわかります。DNAがより良いルックスの子孫を残そうとするのは当然のことだからです。

しかし、思うのと態度に出すのは大違い。あまりにも「イケメン好き」を公言する女性は魅力半減です。その気持ちはぐっと胸の中にしまってください。

外見重視の女性は、自分でも美容への努力を惜しまない人が多いです。派手なファッション、こってりメイクにセクシーな香水。パーティなどでは、盛り上げ役として人気が出るでしょうが、個人的に付き合うかというと、男性も二の足を踏んでしまいます。

自分の容姿が衰えたら捨てられるかもしれない、という不安がつきまといますし、実際に交際がはじまったとしたら、緊張感で疲れてしまうでしょう。

「イケメン好き」は心にしまって、ゆめゆめ態度に出さないこと。

それをどうか肝に銘じてください。そもそも、ルックスに限らず、手当たりしだい「評価をする」女性は敬遠されがちです。

「あの店って、ゴハンはおいしいけど、接客がイマイチだったよね」

「このバンド、サウンドはカッコいいけどボーカルがヘタじゃない？」

本人は「自分の感想を言って何が悪い！」と思うかもしれませんが、一緒に楽しんでいる男性が「めんどくさい」と思ってしまう可能性大。

もちろん、こだわりがあるだけで、むしろ博識で研究熱心なのかもしれません。でも男性には「私っていい店知ってるの」「音楽にちょっと詳しいのよ」という自慢に聞こえてしまう場合もあります。


評価しすぎにご用心。

心得ておきたい「モテマインド」です。

第3章

彼をトリコにする モテしぐさ図鑑

パートナーがいる人も「モテしぐさ」を
実践すればもっともっと愛される！
カップルライフをハッピーに変える
「モテしぐさ」を集めました。

モテしぐさ

男は意外とロマンチスト「甘い記憶」をねつ造しよう

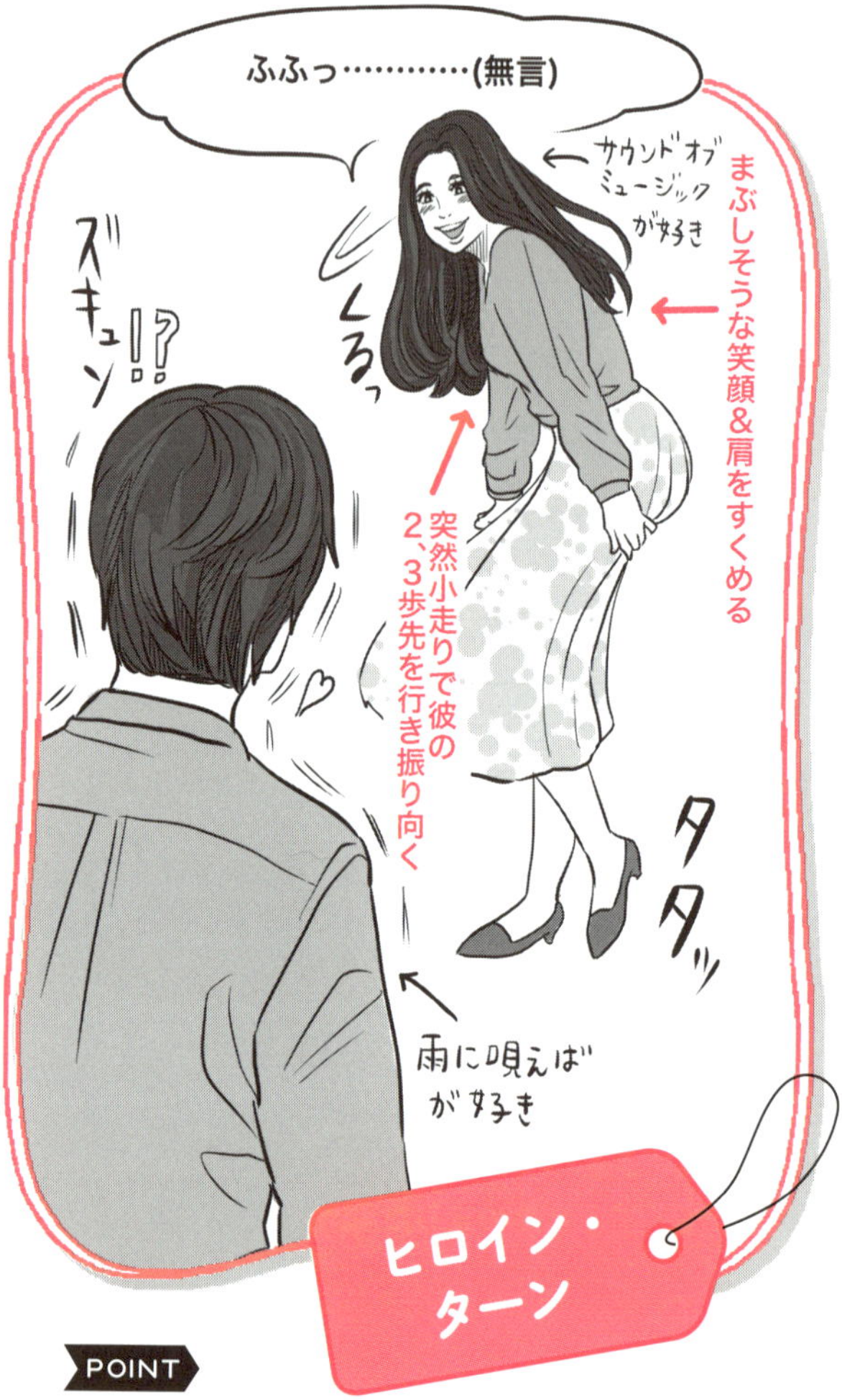
ふふっ…………(無言)
ズキュン!!?
くるっ
サウンドオブミュージックが好き
まぶしそうな笑顔&肩をすくめる
突然小走りで彼の2、3歩先を行き振り向く
タタッ
雨に唄えばが好き
ヒロイン・ターン

POINT

1. 突然小走りに
2. くるっと振り返る
3. 黙って微笑む

難易度	★★★
美人度	★★
セクシー度	★
ロマンチック度	★★★

技 解説

ふたりでいるときはヒロインになりきるぐらいがちょうどいい

1 彼がいるからこそ「モテしぐさ」が大切

この章から実際にパートナーがいる人の「モテしぐさ」をご紹介していきます。

「彼ができたら、もういいのでは?」

そんなことはありません。

大好きな人だからこそ、素敵な自分を見せて、幸せな時間を過ごしたい……そのためには「モテしぐさ」はマスト。

まずは「ヒロイン・ターン」です。どこかに着いたとき、2~3歩先に行って振り返って「ニコ」。

2 「居残りサービス」で彼をハラハラさせる

「ヒロイン・ターン」はたとえば、TDLの入口あたりなどはいかがでしょう?

彼が追いついたら「これ、やってみたかったの」そんなお茶目な返しもかわいいです。

ちなみに、その逆もアリです。**一緒に歩いているとき、突然立ち止まり、彼を「アレ?」と振り向かせる。**そのあと、ゆっくり歩いていって、「おいてかないでね」。**これは「居残りサービス」。**どんどんトライして、恋愛中の甘い幸せを満喫してくださいね。

モテしぐさ

彼の気持ちを絶頂に導く プレゼント開封プレイ

POINT

1. リボンをほどいて笑顔
2. 少しずつ開けて「何かな～？」で笑顔
3. 箱をスローモーションで開けて ここ一番の笑顔

難易度	★
美人度	★★
セクシー度	★★
喜ばせ度	★★★

技解説

中身が見える寸前が沸点 見たあとでは感動の言葉が制限される

1 彼の前では ゆっくり丁寧な動作を

大好きな彼からのプレゼント。最高にうれしい瞬間です。欧米ではプレゼントの包みはバリバリと開けて、早く見たい感を出しますが、日本の丁寧な包装には合いません。

また、PI09でもご説明しましたが、「バタバタ女子」はモテません。彼の前でのしぐさは極力ゆっくり丁寧にがベター。

そこでオススメしたいのは、ゆっくりゆっくりプレゼントを開封していく「スローモーション・プレゼント」です。

2 感動的なシーンは スローモーションで盛り上げる

感動的なシーンはスローモーションにすることで、より感動的になるもの。

リボンは自分の服のリボンを解くようにゆっくりシュルッとほどきます。それから、開ける前に一度、彼の顔を見る。「何かな?(ドキドキ)」袋を開ける、リボンを解く、箱を開ける度に、何だろうという気持ちで「えっ、あ、あぁ、わ〜」等感動詞を入れて盛り上げていきます。沸点は開ける寸前。開けたあとは、いらないモノでも「すごくうれしい!」でOKです。

しぐさメモ ❤ いらないモノをもらったときが女の腕の見せどころ

モテしぐさ

無防備な姿にドキドキ！ドライブデートで隙見せ

POINT

1. からだをカタムケル
2. ヒザをカサネル
3. いきなり爆睡はしない

難易度	★
美人度	★★
セクシー度	★★
ゆだね度	★★★

技 解説

うたた寝のふりをして彼に安心感を伝える

1 ワクワクのドライブデート帰り道は気をゆるめてOK

さて、ある程度仲良くなったら、彼とドライブデート、というシチュエーションもあるかもしれませんね。運転してくれている彼が、道中、眠くならないように、話しかけたり、アメやガムを手渡したりするのはマスト。

ただ、帰り道など、「ウトウトする姿」を見せてあげるのも、彼に優越感を味わわせてあげるコツです。安心して自分にゆだねてくれている、まさに隙だらけという気持ちに愛情がわくからです。

2 軽くなら寝てしまってもOK

もちろんいきなりの爆睡は禁物。

「起きてなきゃ」という葛藤を見せつつ、ちょっとくらいなら寝てしまってもOKです。

また、自分のシートの範囲内で、彼のほうにからだをカタムケルのは、あたかも本当にしなだれかかられている気分に彼をさせます。

ヒザ頭が開いていると、だらしない印象になるのでヒザはカサネルこと。ボトムがパンツだったらヒザ頭だけカサネテ、足元をハの字に開くとかわいらしい雰囲気です。

 しぐさメモ ♥ 事故防止のため、自分のシートからははみ出し禁止

モテしぐさ

「ちょいダサめ」のリアクションでアドバンテージを与えよ

POINT

1 （萌え敬礼）手首をヒネる

2 （萌え敬礼）手のひらは見せる

3 （ポンポンダンス）ワキをカサネル

難易度	★★★
美人度	★
セクシー度	★
ひたむき度	★★★

技解説

バカバカしいと思ってもやってみると効果抜群の無邪気ポーズ

1 「萌え敬礼」で彼のハートをわしづかめ！

女性のがんばる姿に男性は弱いもの。とはいえ、いつもバリバリ男モードで働く女性はちょっと敬遠。そんなときは「萌え敬礼」がオススメです。「そんなに働いて大丈夫？」と彼に言われたら、「大丈夫！」と敬礼します。手を水平にすると本当の軍人のようですが、**親指と人差し指の間を開いて、手のひらを相手に見せるようにする**と幼いアイドルが大人の世界でがんばってる感が出て、ひたむきさに弱い男性のハートをつかめます。

2 「ポンポンダンス」で彼の専属チアガールに！

逆にがんばってる彼は「ポンポンダンス」で励ましてあげましょう。**握った手を顔の近くにもってくれば萌え度アップ。応援されると、男性はうれしいもの。**そう、男とは応援されたい弱い生き物なのです。チアリーディングのポンポンを手にもったようなイメージで、「がんばって！」「やった〜」おめでとう！」などの言葉とともに、無邪気に応援されたら、相手はあなたのことをますます好きになってしまうでしょう。

 しぐさメモ♥ これは女友達がいないところでやるのがベター

モテしぐさ

「俺の彼女やっぱかわいい」と思わせる段差テク

POINT

1. 下りのエスカレーターで前に乗る
2. からだを彼のほうにヒネル
3. 短いエスカレーターには注意

難易度	★
美人度	★★★
セクシー度	★
上目づかい度	★★★

技 解説

「上目遣いな私」をナチュラルに彼に見てもらうチャンス！

1 段差を利用して日常生活にスパイスを

日常生活でかわいいしぐさをとり入れることは、ふたりの関係において極上のスパイスです。たとえばエスカレーター。**段差を利用して、上目遣いの自分をアピール**するのはいかがでしょう？　エスコートを考えると、下りのエスカレーターは男性が先に、上りでは女性を先にするのが通常でしょう。女性が足元をすべらせても男性が支えになれるからです。ただこの「上目エスカレーター」の場合は下りは女性が先、上りは男性が先です。

2 つねに女性が低い位置で「上目遣い」をキープ

というのも、下りで女性が先に行くと、女性は男性の１段下の位置になりますよね。１段分、約20センチ低くなります。からだを彼側にヒネってみましょう。**１段高い彼から見るあなたは、上目遣い。瞳は一段と大きく、顔の輪郭は華奢にかわいらしく見えます。**

「俺の彼女ってこんなにかわいかった？」なんてことも。ただし、長いエスカレーターでないと、すぐに下に着くので危険です。足元には十分気をつけてくださいね。

モテしぐさ

謎を残してまた会いたい人になる

POINT

1 別れるときは、ドアの前に立つ

2 声に出さずに何かを言う

3 すぐ座席に座ってスマホはNG

難易度	★★
美人度	★★
セクシー度	★★
ミステリアス度	★★★

技 解説

声に出さずに彼に呼びかける

1 「すぐスマホ」は彼を不安にさせる

デートが終わり、駅のホームで別れる際、**すぐに座席に座ってスマホをいじるのは興ざめです。**そもそもスマホが気になるのは、ここではなく別の場所のこと、別の人との連絡のほうが大事という意味にもとられますから、注意しましょう。

「今日はあんまり楽しくなかったのかな」

「すぐ友達に報告してたりして」

そう彼を不安にさせてしまうこともあります。

デートは別れ際が肝心です。

2 中途半端だからこそあなたのことが気になってしまう

車内のドアの前に立って見送る彼を見つめましょう。**ドアが閉まってしまったら、口の形だけで「○○○○（今日はうれしかった・ごちそうさま・また連絡するね）」などつぶやきます。**

中途半端にデートが終わってしまうような気がするかもしれませんが、これは、途中で中断されると続けたくなる人間心理（ゼイガルニク効果）を狙ったモテしぐさ。中途半端だからこそ、彼はあなたのことがより気になってしまうのです。

しぐさメモ♥ 謎すぎる言葉はNG。「気をつけてね」などわかりやすい言葉で

モテしぐさ

はじめての夜は棒立ちで彼の出方を待つ

好きにしていいのよ…
ユニクロ
棒立ち
じーっと見つめる
瞳バイブレーションは有効
10秒サイレントも有効
エステに行こうと思ったが
やっぱりスカートを買った
ドサ
アウトレットで購入
まな板の鯉

POINT

1. あえて棒立ちでいる
2. 瞳バイブレーション(P88)は有効
3. 10秒サイレント(P102)を試してみる

難易度	★
美人度	★★
セクシー度	★
ありのまま度	★★★

技 解説

「何もしない」が最高のモテしぐさ

1 棒立ちで相手を見るそれだけでOK

デートを重ね、とうとうやってきたはじめてのお泊まり。彼をその気にさせる「モテしぐさ」とは一体何か？　実際、お泊まりの時点で、彼はすでに「その気」です。

いろいろ小細工をする必要はありません。**あなたは、「まな板の鯉」の心持ちでいればいいのです。**

棒立ちで相手の瞳をじっと見つめる。それだけで十分。むしろ、あれやこれやしようとするほうが、ムードを壊してしまう可能性大です。

2 事後はセクシーなあなたも見せて

服を脱ぐのも彼に任せます。棒立ちで様子を見て、どうしていいかわからない純粋さを伝えます。あまりにも何も起こらなかったら、「脱いでいい？」と言ってみるのもいいでしょうが、男性からすると、妻になってほしい人が喜んで服を脱いだら、「今までどんな恋愛をしてきたの？」と、とても不安になります。

コトが終わったあとは、セクシーなあなたを見せてOK。ピアスをつけるときは手をクロスすると色気が出ます。

しぐさメモ♥ 部屋の入口で「居残りサービス（P131）もあり」

【コラム】モテマインド3

実際に彼ができたとしても、気は抜けません。NGマインドを見せつけられたら、ラブラブだった彼の心だって離れてしまうでしょう。

幸せなカップルライフを送るために、ちょっとだけ心にとめておいてほしいことをお話ししますね。

NGマインド すぐ記録に残そうとする「SNS命女」

デート中、おいしそうな料理が運ばれてきて、食べようとする彼に、

「ちょっと待って!」

と「写メ待ち」をさせてしまう。ありますよね。

楽しいデートの食事をSNSに残したい気持ちはわかります。

ただ、一品一品写真に撮るのはいかがなものでしょうか?

相手はいちいち「おあずけ状態」になりますし、せっかく楽しいデートがだいなしです。

デートの楽しさは「今を味わうこと」にあります。記録をとるのではなく、今の感覚を記憶すること。

彼と一緒に、料理の色や形はもちろん、香り、湯気、食感すべてを味わう。そして、自分の中の気持ち、一緒においしいものをいただける喜びや幸せを味わう。そうしたお互いの記憶の蓄積が、「楽しいデートだった」「この人とずっと一緒にいたい」という気持ちにつながるのです。

どうか写真を撮ることにとらわれず、今に集中してくださいね。たとえば、名前を入れてもらったバースデイケーキなど、どうしても残しておきたいものは、相手も自分も入れてお店の人に撮ってもらうとエレガントです。

NGマインド

おごられたら負け「絶対割り勘女」

食事のときにおごってもらっていいのか悩むことってありますよね。

彼氏だからとはいえ、甘えっぱなしではなく、おごられるにしても一応「あ、私も払う」というスタンスで、お財布をいったん出すと好感度アップです。

ただし出すならキレイな財布を。レシートが詰まって餃子のようにふくれた財布なら、手をかけるぐらいで、「見せ」は避けましょう。整理整頓できないズボラな女性は嫌われます。

男性からおごられるのが苦手な女性もいます。

「彼氏だからといって、お互い働いてるんだから、絶対割り勘!」

という人もいるでしょう。

でも、もしも彼が「おごりたい」と思うのなら、甘えちゃうのがベター。

もしも甘えられないなら、心の奥底に「私なんて、そんな資格はないから」と自信のなさを抱えているのかもしれません。

甘えてごちそうになれる人は、自分の価値をわかっている人。そして、そんなふうに自分で自分の評価ができる人がモテる人です。

あなたは、美容などにもお金や時間を遣い、新鮮で楽しい会話で一緒にいる彼を「明日もがんばろう」という気分にさせてあげたのです。

相手がもてなしたい気持ちにはしっかり甘えたほうが信頼関係は深まります。もちろん、金額がはっているときは、後日、お礼のプレゼントを贈ってもいいでしょう。また、メールのお礼などは、ごちそうになった晩より、1晩経って次の日の朝にするほうが、ありがたみが伝わると思いますよ。

よくデートのあと、すぐに「さっきはありがとう！」と連絡する人がいますが、一見、マメで丁寧なようでいて、「とりあえずお礼しておけばいいか」というような、ちょっとビジネスライクな感じもあります。

NGマインド

すぐに報告、連絡、相談！「ほうれん草女」

「好きな人とはいつも連絡をとっていたい」

「連絡したらすぐに返事がほしい」

その気持ちもわかりますが、相手にも「報告、連絡、相談（ほうれん草）」を求めすぎると、負担になり、「束縛女《そくばくおんな》」のレッテルを貼られてしまいます。

ハッピーなカップルライフを送る上で大切なのは「余白」です。

デートのあとですぐにLINEするのではなく、ふと空を見上げて、「相手も同じ空を見上げてるのかな？」などと想像する。これこそが「余白」。

デートのあとの余韻《よいん》を味わう。

そして相手にもその時間を与える。

そして、お礼の言葉は翌日、じっくり考える。

そんな態度が、幸せな「余白」を作り出していきます。

逆に相手がマメに連絡をとりたい人なら、できるだけ応えるべきですが、別れ際に「今日はゆっくり休んでね。私もそうする！」とひと言伝えて、こうした「余白」を尊重してもらってもいいでしょう。

第4章

キャラ別
モテしぐさ図鑑

あなたはカワイイ系？
それともエレガント系？
キャラクターごとの「モテしぐさ」をご紹介。
本当の自分がわかる「キャラ分けテスト」付！

自分の「キャラ」を知っていますか？

第1章から第3章まで、様々なシチュエーションでの「モテしぐさ」をご紹介してきましたが、いかがでしたか？
「これなら、できそう」というものもあれば、「これはちょっとできないな」というものもあったでしょう。

それでいいんです。

人はそれぞれ別のキャラクターをもっています。セクシーなしぐさがフィットする人もいれば、かわいいしぐさがぴったりくる人もいます。「これはちょっと……」というものがある人は、自分のキャラに気づけている。セルフプロデュースがしっかりできている、とも言えるかもしれませんね。

自分のキャラを知り、キャラにそったしぐさをチョイスすること。

これは、自分を魅力的に見せ、「モテ」につなげるために、とても大切。たとえば、私が教えている女優やモデルの卵たちも最初は自分のキャラをわかっていないパターンがほとんど。しかし、自分のキャラに気づいた人から、どんどんキレイになっていきます。セクシー系を求められたものの芽が出ず、ナチュラルにしたとたんに魅力が開花した女性。自分はかわいい系だと思っていたのにエレガント系を試してみたら、まったく別人のように美しく生まれ変わった女性。多くの女性たちが自分のキャラに気づき、魅力を開花させました。

あなたも、自分のキャラを知りたいと思いませんか？

この章では、まず、簡単なテストであなたのキャラを見つけます。キャラは「ナチュラル」「カワイイ」「セクシー&クール」「エレガント」の4つ。そのあと、キャラ別の「モテしぐさ」をご紹介しますので、ぜひトライしてみてくださいね。では、さっそくテストをはじめていきましょう。

自分のキャラをチェックしよう

次の1～8までの質問で、そうだと思うものに○をつけてください。
つけ終わったら、回答表A～D欄の、あなたが○をつけた項目をチェック。
チェックマークの合計数を下段の空欄の中に数字で書いてください。

【キャラ分けテスト】

1 好きな人を見つめるときの、あなたのしぐさは？

1 黙って見つめる
2 うつむき加減
3 穏やかに
4 笑顔で見つめる

2

時間を間違えて、はじめてのデートに行けなくなりました。さて、あなたのとる行動は？

❶なぜ間違えたのか、しばらく落ち込み、電話をする
❷きちんと理由を言ってメールで謝罪
❸「ごちそうさせて」とリスケジュールをお願いして、会う段取りをつける
❹手紙を書いたり、ちょっとしたプレゼントを買って謝る

3

好きな人とケンカをしたら、あなたはどうなりますか？

❶落ち着かないが自分のことをやる
❷考えをまとめてから、相手に話す
❸友達に相談する
❹解決策をネットで調べる

4

同性の友達の傾向は？

❶楽しみが一緒
❷話が面白い

③考え方が一緒
④趣味が一緒

5 旅行に行くとしたら、どこの国・都市・街？

①ロンドン・バルセロナ
②パリ・ニューヨーク
③ロサンジェルス・ソウル
④ハワイ・ローマ

6 音楽コンサートに行く理由は？

①海外アーティストの来日だから
②ファンだから
③非公開ライブに誘われたから
④親友が出るから

7 好きな花のイメージは？

①パンジー・スイートピー
②カトレア・ユリ
③コスモス・スミレ
④バラ・ラン

8 危険な人と紹介された男性がタイプだったとき、あなたの行動は？

①深入りしても後悔しないところで止める自信があるので、付き合ってみる
②誘惑と葛藤するが、一時的なものだと思い、まずは友達になる
③引き返せないところまで行くのが怖いが、本当に危険か彼の出方を待つ
④スリルを味わいたくなる、本当に危険かどうか、興味がますますわく

いかがでしょうか？

選んだ番号を次の表に書き込んでいってください。
一番数が多かったタイプがあなたのキャラです。

	Bカワイイ	Cセクシー&クール	Dエレガント
	2 うつむき加減	1 黙って見つめる	3 穏やかに
	1 なぜ、間違えたのか、しばらく落ち込み、電話をする	3 「ごちそうさせて」とリスケジュールをお願いして、会う段取りをつける	4 手紙を書いたり、ちょっとしたプレゼントを買って謝る
	4 解決策をネットで調べる	2 考えをまとめてから、相手に話す	1 落ち着かないが自分のことをやる
	4 趣味が一緒	2 話が面白い	3 考え方が一緒
	4 ハワイ・ローマ	1 ロンドン・バルセロナ	2 パリ・ニューヨーク
	2 ファンだから	3 非公開ライブに誘われたから	4 親友が出るから
	1 パンジー・スイートピー	4 バラ・ラン	2 カトレア・ユリ
	3 引き返せないところまで行くのが怖いが、本当に危険か彼の出方を待つ	4 スリルを味わいたくなる、本当に危険かどうか、興味がますますわく	1 深入りしても後悔しないところで止める自信があるので、付き合ってみる
	個	個	個

[正解表]

		Aナチュラル	
1	好きな人を見つめるときのしぐさは？	④ 笑顔で見つめる	
2	時間をまちがえて、はじめてのデートに行けなくなったときにとる行動は？	② きちんと理由を言ってメールで謝罪	
3	好きな人と喧嘩をしたら？	③ 友達に相談する	
4	同性の友達の傾向は？	① 楽しみが一緒	
5	旅行にいくとしたらどこの国・都市・街？	③ ロサンジェルス・ソウル	
6	音楽コンサートに行く理由は？	① 海外アーティストの来日だから	
7	好きな花のイメージは？	③ コスモス・スミレ	
8	危険な人と紹介された男性がタイプだったとき、あなたの行動は？	② 誘惑と葛藤するが、一時的なものだと思い、まずは友達になる	
合計		個	

ナチュラル系の特徴

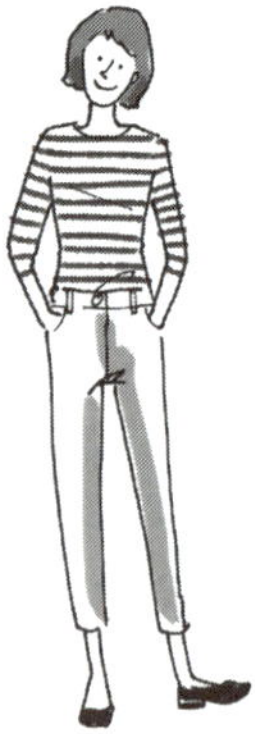

4つのキャラを簡単にご説明します。
まずは「ナチュラル」系。ピュアで自然体、力の抜けたタイプです。さりげない中にも、自分らしさを大切にし、芯の強い人も多いでしょう。ファッションはベーシックなデザイン、アースカラーなどがしっくりきます。ストール、帽子などの小物をうまく使い、テーマ別に服を着こなせる人でもあります。好きな男性のタイプは一緒にいて過ごしやすい人。派手さはないので、男性からすると、一見「ハードルが低く付き合いやすそう」と思われるタイプかもしれませんね。

イメージ ♥ 綾瀬はるか・新垣結衣・武井咲

カワイイ系の特徴

「カワイイ」系はフェミニンで女の子らしいタイプです。

ロマンティックに生きることに憧れ、少女の無邪気な気持ちを失いたくないと思っている人も多そう。ふわっとした印象ですが、実際は賢く、周りからは得な性格だと嫉妬されることもあるようです。

ファッションはレースやフワッとした素材、フリル、ワンピースが好き。

異性とはいつまでも友達のような関係でいたいと思うでしょう。

男性からは「助けてあげたい」と思われますが、本人は、結構しっかり者だったりします。

イメージ ローラ・西内まりや・岸本セシル

セクシー&クール系の特徴

「セクシー&クール」系はアクティブ。

自由な生き方にこだわり、そのための時間やお金の投資、自分自身の努力を惜しみません。また、自尊心、プライドが高いのも特徴。

ファッションはからだにフィットするセクシーなデザインや光りものから、マニッシュなジャンパーやスニーカーなど幅広く着こなします。

恋愛では、セクシーな異性にひかれる傾向にあります。

パートナーとは、協調するより、お互い「個人として」光っていたいと思うタイプです。

イメージ ♥ 北川景子・中村アン・長谷川潤

エレガント系の特徴

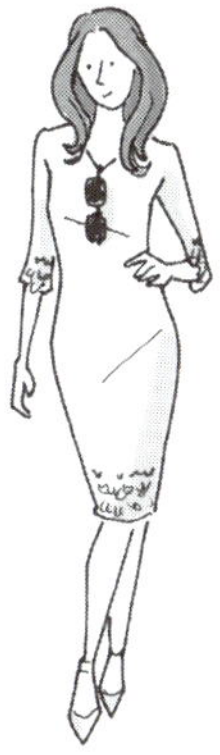

「エレガント系」は気品のあるタイプ。

アートやファッションなど洗練されたものを好みますが、贅沢が目的ではなく、美しいものに囲まれたい、良いものを大切にしたいと考えます。

焦ることが嫌いで、ものごとを時間をかけて進め、丁寧に行動します。

ファッションもジャケット&パンツや良い素材のワンピースなど、きちっと感のある上質なものが似合います。

恋愛においては、保守的で真面目な男性にひかれます。

価値観の合う人と恋愛し、安定した家庭を築く人も多いでしょう。

イメージ ♥ 桐谷美玲・鈴木ちなみ・木村文乃

ときには別のキャラを演じてもOK

いかがでしたか？

「え！　私セクシー系じゃないんだけど」「エレガント系かなー？」などと、テストの結果に疑問が出ることもあるかもしれませんね。

キャラというのは、その人の内側に眠っているパターンが多いもの。

まずは、割り出されたキャラにトライしてみてください。ファッションやメイクをチェンジしたり、言葉や立ち居振る舞いを意識して変えてみたり。これからご紹介する「キャラ別モテしぐさ図鑑」を参考にするのもいいでしょう。

新しい自分を発見できるかもしれませんよ。

また、自分とは別のキャラのしぐさにチャレンジするのもオススメです。

たとえば「意中の彼はカワイイ系が好きだから、カワイイ系のしぐさでいってみよう」とか、「ときには、セクシー系のしぐさで、彼をドキドキさせちゃおう」みたいな感じで、状況によって、しぐさを使い分けてもいいでしょう。


たとえば、私が女優さんの卵たちに演技指導をする場合、

「この役はこういう座り方するかな?」

「このキャラはそういう歩き方でいいの?」

と、必ずしぐさを意識してもらっています。そうやってしぐさを意識し、使い分けることで表現力が高まって、本人の魅力が開花していくのです。


それでは「キャラ別モテしぐさ図鑑」、楽しんでトライしてくださいね。

♥【座る】

ここからはキャラ別のモテしぐさをご紹介します。まずは「座る」。単に「座る」といっても、様々な座り方があります。自分のキャラに合わせてチョイスする他、ビジネスでは「エリザベスカサネ」、デートは「シャロンカサネ」などTPOに合わせても素敵です。

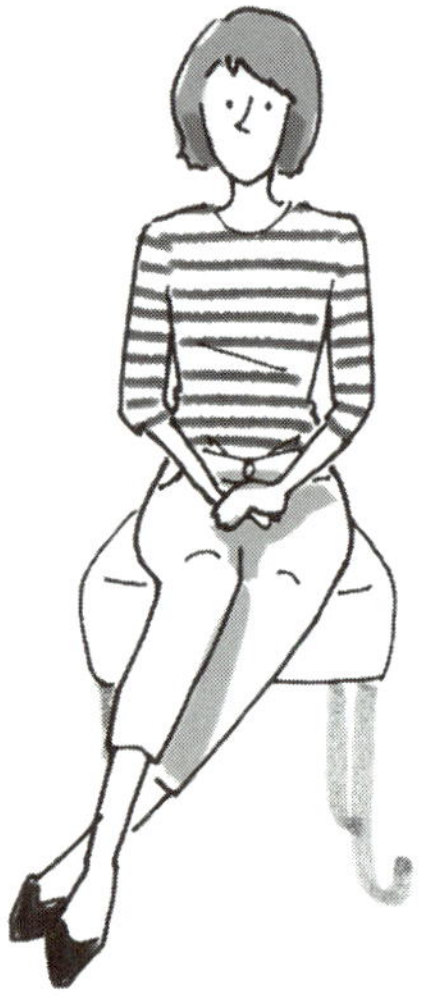

ナチュラル

「エリザベスカサネ」
英国エリザベス女王の座り方より。
くるぶしで足をカサネルと、
リラックスしたムードが漂います。

カワイイ

「渋谷カサネ」

ヒザ頭をカサネ、足先は「ハの字」に。

かわいらしく見えます。

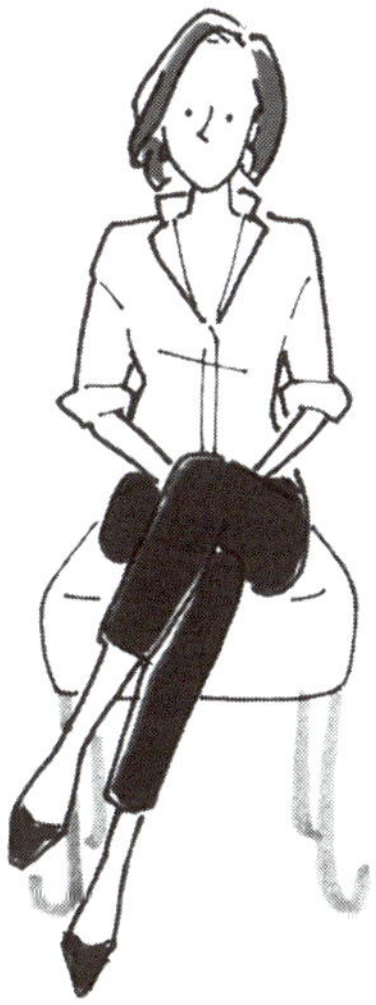

セクシー＆クール

「シャロンカサネ」

映画『氷の微笑』のシャロン・ストーンの座り方より。ももの上で組むとセクシーに。

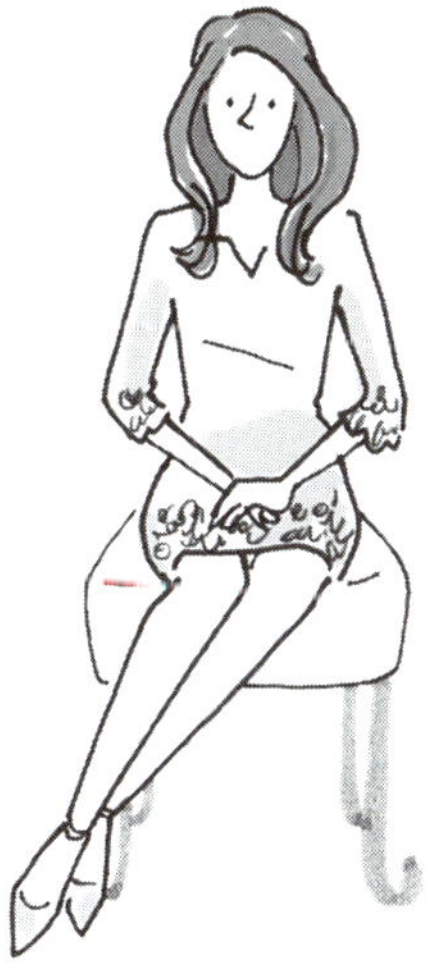

エレガント

「秘書カサネ」

両脚をカサネて流します。片方の足を前に出しかかとにもう片方の足の土踏まずをつけます。

♥【スマホ操作】

スマートフォンは私たちの生活になくてはならないもの。もはや触らない日はないと言ってもいいでしょう。スマホ操作姿を美しく見せるポイントは、画面に顔を近づけすぎないこと。また、操作するとき指の関節を鋭角に曲げると、指の細さが目立ち美しく見えますよ。

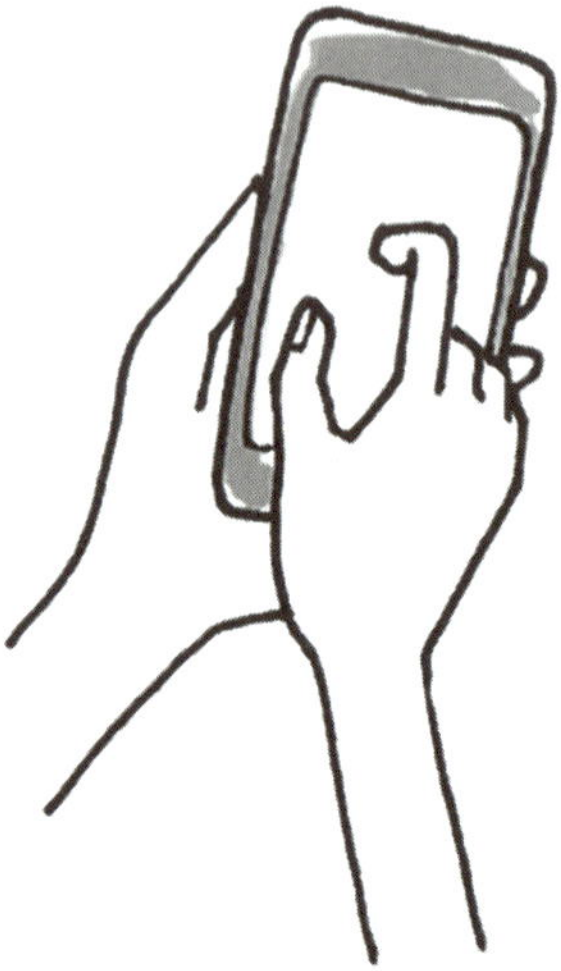

ナチュラル

「くノ一打ち」（P62参照）。指を「く」の字にして、カツカツと軽くタップして操作します。

カワイイ

スマホを両手でもって、ヒジを近づけるとキュート。

セクシー＆クール

手慣れた感じで片手遣いがセクシー。
爪が長くて「くノ一打ち」が厳しい人は、
指を倒して「親指腹打ち」に。

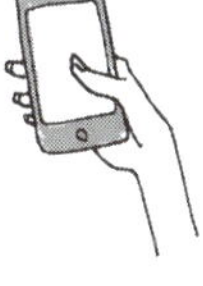

エレガント

スマホを操作していないほうの手はもう一方のヒジにカサネルと上品に見えます。

❤【微笑む】

「笑顔」は最高のモテしぐさ。キャラ別に様々な笑顔を駆使できたらもっと素敵ですよね！　脳内で幸福物質「エンドルフィン」を分泌するなど、笑顔は相手だけじゃなく自分もハッピーにします。気になる彼には素敵な笑顔をどんどんプレゼントしてください。

ナチュラル

手のひらを軽く合わせて胸元にそえ、歯を４本以上見せて大きく笑うとより自然な笑顔に。

カワイイ

口を開けずにほほを三角にキュッと引き上げ、照れ笑いのようなスマイルがキュートです。

セクシー＆クール

アゴを引き首を下にカタムケ、上目遣いに微笑むと妖艶な魅力が出ます。

エレガント

口角を上げずに唇だけ薄く開けて静かに笑うと、上品なイメージになります。

❤

【甘える】

「甘える」というのは、恋愛においては「頼る」とほぼ同義語です。男性は女性から頼られたい生き物。かわいらしく頼ってくれる「甘え上手」な女性は、男性にとってとびきり魅力的な存在でしょう。とはいえ、男心をくすぐる「甘え方」はキャラによって様々です。

ナチュラル

手のひらをカサネ、素直に頼みます。

カワイイ

からだをカタムケる方向に一の腕もカサネル。あどけない印象に。

セクシー＆クール

首を大きくカタムケる。甘える、といっても媚びない。「こういとき○○するものよ」などと教えるように甘えてみるのもベター。

エレガント

ヒジの内側にもう片方の手をカサネ、上品さはくずさず、きちんと言葉で「お願い」をする。

♥

【すねる】

「すねる」のはネガティブな行動に思われがちですが、実は、「あなたが好き」という気持ちの表れだったりしますよね。上手にすねる女性を男性はほうっておけなくなるもの。恋の駆け引きにおいて、ちょっとすねてみて、相手の出方を見てみるのもひとつの手です。

ナチュラル

腕をカサネ、そっぽを向く。

カワイイ

顔に手をカサネ、唇を噛んだり、口をとがらせたりする。

セクシー＆クール

耳元に手をカサネ、相手とは目線を合わせない。視線が合いそうになったらそらす。

エレガント

相手の視線をブロックするもの（サングラスや大きな本など）を使って、涼しい顔で視線を合わせない。

集合写真に写る
（小柄な人）

SNSが発達し、集合写真がネット上にアップされることも多くなってきました。素敵に写れば「この子誰?」などと注目され恋のチャンスも増えますよね。ここで集合写真でかわいく目立つ「モテ」テクをご紹介しましょう。まずは、小柄な人にオススメの方法です。

ナチュラル

手を上方向にして顔に目線を集める。手のひらを広げて存在感を。

カワイイ

上体を前傾させ、ヒザに手をおいて、中腰の姿勢で小さく見せてもキュート。

セクシー＆クール

ヒザを折り、ヒザ頭を高い位置にあげて脚長に見せる。腕を上にヒネッて身長を引っぱり上げて縦長ラインを作る。

エレガント

背中越しにしなだれかかるように全身をカタムケる。孤独感が出ないように手を相手にカサネ、すました感じでグループに参加しているムードに。

♥

【集合写真に写る】

（大柄な人）

ぽっちゃりタイプの方の場合、「他人と比べてより太って見えてしまうから、集合写真は苦手なんです」という人もいるかもしれませんね。大丈夫。たとえ自分より痩せている人に囲まれてしまっても、キレイに写るテクニックはいろいろあります。ご紹介しましょう。

ナチュラル

全身をナナメにカタムケる。手のひらをずらしてカサネ、左右の肩の高さを変えると、全身のバランスが崩れて、大きく見えません。

カワイイ

ほかの人のからだのうしろに
自分のからだをカサネ、腕
や足は外側に。相手のから
だで自分の半身を隠すように。

セクシー＆クール

からだの前で腕を組み、片
方の手を顔にもっていき、見
る人の視線を顔に集める。

エレガント

ほかの人の腕にさりげなくつ
かまりながら、相手の腕を
自分のからだの前にカサネ、
華奢に見せる。

【コラム】モテマインド4

「モテマインド」についてお伝えしたいこと。
それは「ひとりでいることを怖がらないで」です。

NGマインド

誰かと一緒じゃないと不安な「群れたがり女」

孤独はイヤだから、休日は予定を詰め込んでしまう。
いつも女友達とワイワイ時間を過ごす。
それもいいでしょう。
しかし、恋愛はあなたと彼、ふたりではじめるもの。
仲間とワイワイしていたのでは、恋愛が入り込む「隙」も「余白」も生まれません。

ですから、ときにはひとりで行動してみることをオススメします。

もしも、ひとりでどうしていいかわからないのなら、まずはカフェなどに出かけて、くつろいでみるのはいかがですか？

イチオシは「プチ瞑想」です。

「骨タッチ」（P104参照）しながら、手の接点に意識をフォーカスし、深呼吸してゆっくり目を開けます。それだけでだいぶ落ち着きます。

目を閉じたまま、故郷の風景や過去に訪れた美しい風景をイメージしてもいいでしょう。この風景をイメージする「プチ瞑想」、写真撮影のレッスンで生徒たちにやってもらっています。

「プチ瞑想」で美しい風景を思い浮かべるだけで、何とも言えない美しい表情に変わります。その人の心の深い部分が表情に現れてくるのだと思います。

本来の魅力を引き出す。
「プチ瞑想」にはそんな効果があるのです。

おわりに

この本を手にし、最後までお読みいただき、まことにありがとうございました。私は、一瞬のしぐさがきっかけで、あなたの人生が変わると信じています。この本はあなたが「心から愛する人」たちと幸せになるために書きました。

その方法として「隙」をテーマに様々なモテしぐさを紹介いたしました。

ちょうど、この本を書いている最中のことです。

金曜の夜、打ち合わせのあとにレストランで食事をしていたら、目の前が、3対3の合コンの真っ最中でした。どうやら、男性のお目当ては女性陣の真ん中に座っている美女のようです。彼女もそれを自負しているのがわかります。

ところが、しばらくするとみな、端の女性ばかりを見るようになりました。

穏やかに変わる表情、友達が話すときには真剣に聞き、自分の番のときには3人の男性にまんべんなく話しています。

こういった場に慣れていない、それを隠そうとする「隙」だらけのしぐさがかわいらしくて、彼女が話しはじめると、男性も女性もつい目が離せなくなってしまうのです。店長と思しき壮年の男性やウエイターさんだけでなく、オープンカウンターで調理を見せるシェフまで、あきらかに彼女の存在を意識しています。店全体が、この6人にとって今日が素敵な出会いになればいいな、という雰囲気なのです。

私は、まるでミュージカルだ……と思いつつ、モテるとは、「自分が幸せになるだけでなく周囲の人々も幸せにする」、こういうことではないかと思いました。

本書を書き進めるうちに、自分の中で感じていたものものはっきりしました。

私は、俳優さんやモデルさんに対して、またタレントを目指す人が通うスクール、カルチャーセンター、個人コンサルタント、企業研修など様々なところで「ポージングディレクター」として魅力的な立ち居振る舞いを教えています。

その中で感じるのは、女性は同性を見る目が厳しく、完璧な容姿の女性がすすめるファッション、美容、ダイエットを参考にしているということ。

これを実行したキラッキラな女性を男性が本当に望んでいるのか？

ついていける男は少数だろうな、と感じます。

本当にモテている女性はモテていることを隠し、その秘訣などは無頓着です。

しかし、自然なシグナルとして雰囲気を出しています。その、なかなかわかりづらい雰囲気というものを、この本でメソッドにしました。さらに、誰でも再現できるようにイラストでもお伝えしました。

中には、ちょっと照れてしまって実行するのが恥ずかしいと感じるしぐさもあるかもしれません。

でもそれは、たんに慣れていないからだけかもしれませんよ。

三輪車に乗っていた子供のときは、細いタイヤの自転車を見て、絶対倒れると思いませんでしたか？

でも、今あなたはちゃんと自転車に乗れているでしょう？

もし、「モテしぐさ」を試してみて、相手の反応が思ったものと違い、うまくいかなくても、あなたが人を好きになるときに感じた、やさしさ、強さ、美しさへの憧れは何も傷ついていないはずです。むしろ、そうしたトライがあなたをよりいっそう魅力的なオトナ女子に変えていくはずです。

この本は、ＨＫＫメソッドに興味をもってくださった、ワニブックスの編集者の吉本光里さんが声をかけてくださり、構成のミトモタカコさんと一緒に仕上げていきました。

男性の私から見た女性の魅力となる隙の作り方に、「……そうですよね！　そうなんですか？　そんなことないでしょう〜」「いや、実話です」「ええ〜!?」と大いに盛り上がりながらでき上がった本です。

その楽しさがあなたに伝わったらうれしいです。

走り描きのようなイラストにリアルな生命を吹き込んでくださったイラストレーターのつぼゆりさん、寺澤ゆりえさん、楽しい図鑑ならではのブックデザインをしてくださった五味朋代さん、この場をかりて皆様にもお礼申し上げます。

「隙」は英訳すると、Gap、Space、Chanceなど様々な解釈になります。隙間をあけるように、余裕を作り、出会いの機会を得る、と解釈しても良いと思います。


あなたの人生がいつもモテていますように！

2017年4月吉日　中井信之

イラスト　つぼゆり、寺澤ゆりえ（P160～）
デザイン　五味朋代（フレーズ）
校正　深澤晴彦
構成・編集　ミトモタカコ
編集統括　吉本光里（ワニブックス）

オトナ女子のための
モテしぐさ図鑑

著者　中井信之

2017年5月10日　初版発行
2017年7月10日　2版発行

発行者　横内正昭
編集人　青柳有紀

発行所　株式会社ワニブックス
〒150-8482
東京都渋谷区恵比寿4-4-9　えびす大黑ビル
電話　03-5449-2711（代表）
03-5449-2716（編集部）
ワニブックスHP　http://www.wani.co.jp/
WANI BOOKOUT　http://www.wanibookout.com/

印刷所　凸版印刷株式会社
DTP　アレックス
製本所　ナショナル製本

ISBN 978-4-8470-9567-2